知行合一王阳明
修身养性曾国藩

■ 欧阳彦之／著

台海出版社

图书在版编目(CIP)数据

知行合一王阳明,修身养性曾国藩 / 欧阳彦之著. —北京:台海出版社,2016.3(2023.4 重印)

ISBN 978-7-5168-0908-2

Ⅰ.①知… Ⅱ.①欧… Ⅲ.①王守仁(1472～1529)—哲学思想—通俗读物②曾国藩(1811～1872)—人生哲学—通俗读物 Ⅳ.①B248.2-49②K827=52

中国版本图书馆 CIP 数据核字(2016)第 052139 号

知行合一王阳明,修身养性曾国藩

著　　者:欧阳彦之

责任编辑:王　萍

装帧设计:天下书装　　　　版式设计:通联图文

责任校对:唐思磊　　　　　出版人:蔡　旭

出版发行:台海出版社

地　址:北京市朝阳区劲松南路1号　　邮政编码:100021

电　话:010-64041652(发行,邮购)

传　真:010-84045799(总编室)

网　址:www.taimeng.org.cn/thcbs/default.htm

E-mail:thcbs@126.com

经　销:全国各地新华书店

印　刷:北京一鑫印务有限责任公司

本书如有破损、缺页、装订错误,请与本社联系调换

开　本:710mm×1000 mm　　　　1/16

字　数:186 千字　　　　　　印　张:15

版　次:2016 年 6 月第 1 版　　印　次:2023 年 4 月第 2 次印刷

书　号:ISBN 978-7-5168-0908-2

定　价:58.00 元

前　言

近现代有种说法：中国圣人两个半，孔子、王阳明和曾国藩。

王、曾二人为何得到这样高的评价？

王阳明天资异于常人，是百年难出一个的奇才。

曾国藩则以中等之资，凭着吃得苦、耐得烦，在一片夹缝中闯出了一片天地。

后人对两位奇人的评价都很高，关于谁是"千古第一完人"的争议也从未停止过。

与曾国藩相比，王阳明很有自己的特点。其中最为突出的是，曾国藩的思想是为其做官服务的，"怎样做官""怎样做大官""怎样做稳官"始终是其考虑的核心问题，他的为民、忠君等都是为这个目标服务的。

而王阳明不同，王阳明有自己的社会理想，对个人、国家、历史、社会等都有自己的看法。他的做官是为实现自己的理想服务的。当做官与这个理想有冲突的时候，他会毫不犹豫地选择后者。

王阳明成功地建立了自己的心学体系，他对世间万物都有自己的看法。曾有学生问他，为什么圣人那么聪明，好像什么都知道。他回答，是因为圣人掌握了理。王阳明能够解答那么多世间难题，也是因为他掌握了理。在他看来，万事万物由心而动。心不动，则一切都不存在，也对心之主无意义。所以，没有必要去追求远方的东西，也没有必要去追求虚无缥缈的东西,名利之类,都是身外之物,何必让心为之所累呢?得到了名利,改变了内心,未必能有快乐。这就使得王阳明始终能按照自己的理解去做事情,做一切事情都心安理得,对待任何屈辱都处之坦然。

王阳明还提出,圣人之道,内心自足。这就要求人要获得圣人的境界,不需要去读四书,也不要去抄袭古人,更不要盲目照抄上级,而要根据自己内心的良知,用自己的实践去回答、去探求。良知藏于内心,只要自己愿意找,就能越找越多。既然只要愿意找,都能找到,那就人人都可以为圣人。这就高度重视了实践的作用。

所以,王阳明的学问是重视实践的学问。按照王阳明的理论,人人都会充满自信(因为人人都能成为圣人),人人都会高度重视行动。这就使得王阳明的学问有了根基,有了行动力。纵观王阳明一生的行为,可以说,构建完整的思想体系,始终是他的目标。

曾国藩以一介文人出身,手无缚鸡之力,却创建和领导了湘军。通过卓有成效的训练和残酷的战争考验,湘军从无到有,从小到大,从弱到强,最终击败了如日中天的太平军,终结了太平天国的命运。在这个过程中,曾国藩是如何打造出一支极具战斗力的团队?其中的秘诀非常值得创业者和管理者学习与借鉴。

曾国藩能在功高震主的危机面前躲过"狡兔死,走狗烹"的劫难,并游刃于天地之间,凭的全是他那刚柔并济、方圆兼备的处世哲学。作为方圆性格最典型的代表,曾国藩总能因人、因势、因时而变,极尽中庸性格之精髓。想要在为人处世上如鱼得水者,可以从他身上学到刚柔相济的中庸哲学。

另外,每一个想要修炼内心增进智慧的普通人,都可以从他身上学到明理之道。曾国藩能官场得志,事业大成,跟他的好学密不可分。他终身学习,日夜苦读,博览群书,钻研理学。这些修心增智的有效方法很值得我们这些后世人效仿。

从曾国藩的身上,我们看到,一个有远大目标和人生抱负的人,懂得不断完善自己。他们知道,今天的每一点改变都是为将来实现更大目标的一种积蓄和准备,等到时机成熟,就能一飞冲天。

本书集王阳明和曾国藩的智慧精华于一炉,将他们立世、做人、修身密切相关的语录精华采撷,并配以通俗易懂的文字进行解释,辅以经典的古今中外事例论证。

读它就像与一位睿智的老者交谈,就像与一位值得敬佩的对手较量,就像站在镜子前审视自己,重新寻找真正的自我,这对人的正心修身、养性育德有着不可低估的潜移默化的力量。

目 录

上篇：知行合一王阳明

下篇：修身养性曾国藩

上篇

知行合一
王阳明

第一章

心学内涵

——此心光明，内圣外王

1.你的内心,决定你的生活能量

> 有一学者病目,戚戚甚忧,先生曰:"尔乃贵目贱心。"
>
> ——《传习录》

有一学者患有眼病,心里十分忧戚。先生说:"你呀,真是贵目贱心。"
王阳明的这段话真是很有意思的顿悟,足以让看不破的人看破。

当我们的眼睛有病时,一般情况下当然会担心忧愁。但你想想,这本来就是眼睛的事情,为什么要让心再受此摧残呢? 这不正是看重眼睛而轻视心的做法吗?

王阳明在这里告诫我们,不要只关注眼前的小损失,而忽略了更有价值的事物。我们应该懂得珍惜真正有价值的东西,看清大局,不要为了一些琐事和小烦恼而影响了积极的人生态度。

然而,在现实生活中,我们通常会犯这种毛病。为了挣钱,拼命地工作。年轻时用身体来换钱,老年时又拿钱来拯救千疮百孔的身体。我们总是顾此失彼,为了得到鱼目而丢掉手上的珍珠,抓不住人生的重点。打开网络或电视,我们总能看到各种自杀的新闻,这种为了眼前的烦恼而丢弃生命的做法实在愚蠢之极。

一个连活下去的勇气都没有的人,我们能说他勇敢吗?不能。我们只能为这个逝去的生命感到惋惜。人生不如意十有八九,有什么事情能比我们活着更重要呢?

一个年轻人接连遭遇高考落榜、女友背叛,在这重重打击之下,他一心寻死,父母朋友都来劝,可他就是听不进去,害得爸妈只得日夜看管,生怕他有个三长两短。

幸好,父亲认识一位出色的心理医生,将他请到家中帮忙劝解。

心理医生见到年轻人,笑着说:"年轻人,你的勇敢感动了我。但我还是不明白你为什么选择自杀。第一,自杀并不能令你金榜题名,进入象牙塔。第二,为一个不爱你的女孩放弃生命,那个爱你的女孩的委屈,谁来安慰呢?可是,如果你还活着,情况或许就会有所改变。人都有决定自己命运的权利。作为你父亲的朋友,我尊重你的选择,但我会为你的父母感到难过,他们即将面临白发人送黑发人的悲剧,我甚至已经看到他们风烛残年的凄凉。"

心理医生说完,静静地等待年轻人的选择。

在心理医生的开导下,年轻人已经产生了动摇。又过了良久,年轻人终于平静了下来,放弃了自杀,决定重新开始。

这位心理医生晓之以理，动之以情，让年轻人明白了活着不只是为了金榜题名，不只是为了女朋友，还有生他养他的父母，还有更加重要的事情等着他去做。生命是一次有意义的旅行。

我们的心总是被世间的俗事所困扰，迷茫、彷徨，生活在这个城市却毫无归属感，这多是因为内心被羁绊。有时候，一点得失都能令我们陷入万劫不复的境地。此时的我们不正是因为一个小小的眼病，害得心也跟着受累吗？只要有心去治，眼病可以治愈，但若是没有了心，眼睛还有什么用呢？

电视剧《来不及说我爱你》中有一句话："心若被困，天下处处是牢笼；心之所安，矮瓦斗室也是人间天堂。"说得多好。心若没有栖息，到哪里都是流浪。

有人把世界上的人分为两种：幸福的人和不幸的人。幸福的人，并不是他们在人生道路上有多么一帆风顺，也不是他们的能力有多么超群，而只是因为他们善于控制自己的内心，能在狂风暴雨中看到美丽的彩虹，甚至能在一败涂地中看到美好的将来，并时刻保持一种良好的心理状态，不为暂时的困厄而沮丧。不幸的人，也并不是缺少运气，更不是老天无眼，给自己的保佑不够多，只是内心被羁、行为被困，所以才有了截然不同的命运。

有一位哲学家，当他是单身汉的时候，和几个朋友一起住在一间小屋里。尽管生活非常不便，但他一天到晚总是乐呵呵的。

有人问他："那么多人挤在一起，连转个身都困难，有什么可乐的？"

哲学家说："朋友们在一块儿，随时可以交流感情，这难道不值得高兴吗？"

过了一段时间，朋友们一个个相继成家，先后搬了出去。屋子里只剩下了哲学家一个人，但他每天仍然很快活。

那人又问："你一个人孤孤单单的，有什么好高兴的？"

"我有很多书啊！一本书就是一个老师，和这么多老师在一起，时时刻刻都可以向它们请教，这怎能不令人高兴呢？"

几年后，哲学家也成了家，搬进了一座大楼里。这座大楼有7层，他的家在最底层。底层的环境是最差的，上面老是往下面泼污水，丢死老鼠、破鞋子、臭袜子和杂七杂八的脏东西。那人见他还是一副自得其乐的样子，好奇地问："你住这样的房子，也感到高兴吗？"

"是呀！你不知道住一楼有多少妙处！比如，进门就是家，不用爬很高的楼梯；搬东西方便，不必费很大的劲儿；朋友来访容易，用不着一层楼一层楼地去叩门询问……特别让我满意的是，可以在空地养些花、种些菜，这些乐趣数之不尽！"

后来，那人遇到哲学家的学生，问道："你的老师总是那么快快乐乐，可我却感到，他每次所处的环境并不那么好呀。"

学生笑着说："决定一个人快乐与否的，不是环境，而是心境。"

一位哲人曾经说过：心才是一个人真正的主人，要么你去驾驭生命，要么生命驾驭你，而你的内心将决定谁是坐骑，谁是骑师。

拥有什么样的内心，就拥有什么样的生活能量，这种能量将决定你是否能获得幸福的人生。还在漂泊、还在为未来担心、感到前途无望的你，知道该怎么迎接以后的人生了吗？

2.敞开胸怀,不被俗世尘埃所扰

如今于凡忿懥等件,只是个物来顺应,不要着一分心思,便心体廓然大公,得其本体之正了。

——《传习录》

心狭为祸之根,心旷为福之门。心胸狭隘的人,只会将自己局限在狭小的空间里,郁郁寡欢;而心胸宽广的人,他的世界会比别人更加开阔。

《传习录》中记载,有人就"有所忿怒"一说向王阳明请教。

王阳明先生回答说:"忿怒之类的偏颇情绪,人心之中怎么会没有呢?只是不应当有而已。平常人在动怒时,控制不住感情,便会怒得过了度,就不是廓然大公的本体了。所以心有所愤懥,便不能做到端正。如今对于忿怒这些不良情绪,它们来了,不要过分加自己的主观愿望在上面,顺其自然,心境自然不偏不倚、廓然大公,从而能够中正待物。比如在外面看到有人互相斗殴,对于他们不正确的地方,我心中也会动怒。不过虽然动怒,此心却仍然冷静清明,不会失去理智。如今对别人生气时,也必须如此行事,这样才能保持心体中正。"

在生活中,很多人都因为情感纠葛、诽谤中伤或竞争对手的打击而深受伤害,心中的伤口久久不能愈合,耿耿于怀地痛恨着那些伤害过自己的人。其实,怨恨是一种极为被动的感情,不仅不能缓解心中的伤痛,大多数情况下也不能对对方形成影响,仅有的用处便是伤害自己、折磨自己。怨恨就像一个不断扩大的肿瘤，挤压着生活中的快乐神经，使人们失去欢笑，整日愁容，最终香消玉殒，为怨恨付出巨大的代价。

苏不韦是东汉人，他的父亲做司隶校尉时得罪了同僚李皓，被李皓借机判了死刑。当时，苏不韦年仅18岁，他把父亲的灵柩草草下葬后，把母亲隐匿了起来，自己改名换姓，用家财招募刺客，发誓复仇，但几次行刺都没有成功。这期间，李皓青云直上，最后官至大司农。

苏不韦和人暗中在大司农官署的北墙下开始挖洞，夜里挖，白天躲藏起来，干了一个多月，终于把洞挖到了李皓的卧室下。一天，苏不韦从李皓的床底下冲了出来，不巧，李皓上厕所去了，苏不韦便杀了他同屋的小儿子和侍妾，离开时还留下了一封信。李皓回屋后大吃一惊，吓得在室内设置了许多荆棘，晚上也不敢安睡。苏不韦知道李皓已有防备，再想杀他很难，便挖了李家的坟，取了李皓父亲的头拿到集市上去示众。李皓听说此事后，心如刀绞，心里又气又恨，没过多久就吐血而死了。

李皓因一点人个私怨就将人置于死地，结果不仅给自己招来杀身之祸，连家人都跟着倒霉，甚至连死去的父亲也未能幸免；而苏不韦从18岁开始就谋划复仇，此外什么也没有做成。这两个人共同的缺陷就是没有宽大的心胸。如果能宽容一点，一笑泯千仇，将干戈化为玉帛，不但能为自己免去毁灭性的灾难，还可以放下心灵的包袱，让自己变得轻松，而生活也能变得更加幸福和祥和。

心胸狭隘会给人带来无穷祸患，而心胸宽广则能解决人与人之间的纷争，慰藉心灵。无论是为了个人的身心健康，还是为了在纷繁复杂的现代社会中争取到发展的机会，都应该以宽广的胸怀待人处世。

赵王有个卫兵，名叫少室周。少室周力大无比，在一次比武会上，5个士兵合力对付少室周一人，都被少室周摔倒在地。少室周因此得到赵王的赏识并被任命为贴身卫兵。

没过多久，一个叫徐子的人找上门要与少室周比试摔跤。摔跤的结果是，少室周连输3局。

少室周满面羞愧地将徐子带到赵王跟前，对赵王说："请您用他当您的卫兵吧。"

赵王很奇怪，问道："先生的勇武名震四方，很多人都想取代你，为什么你要推荐他呢？我并没有这样要求你呀？"

少室周回答道："您当年看我力气大，才让我当卫兵，如今，有比我力气更大的人，如果我不推荐他，天下好汉会嘲笑我的。"

赵王很钦佩少室周的胸怀宽广，最后让他们两人都当了自己的贴身保卫。

豁达是一种修养，也是衡量一个人层次高低的标准。正所谓"牢骚太盛防断肠，风物长宜放眼量"，只有敞开胸怀，我们才能不被俗世尘埃所扰，才能安心地关注当下，保证身心的纯净。

心有多大，世界就有多大。王阳明讲"不要着一分心思"，就是要我们开阔胸怀。在他看来，这是一种宠辱不惊，笑看庭前花开花落的人生态度；是一种骤然临之而不惊，无故加之而不怒的智慧和淡定。天地何其宽，拥有宽广的胸怀，我们便能在其中自由地翱翔。

因此，普通人若能学会抛开杂念，使内心纯净空明，那么，即便才能有高下之分，也同样可以成为圣人。

3.真诚是心的本体

志道问："荀子云：'养心莫善于诚。'先儒非之，何也？"先生曰："此亦未可便以为非。'诚'字有以工夫说者。诚是心之本体。求复其本体，便是思诚的工夫。明道说'以诚敬存之'，亦是此意。《大学》'欲正其心，先诚其意'。"

——《传习录》

一天，弟子管志道问道："荀子说'养心最好的办法就是思诚'，但程子并不赞成这个观点，这是为什么？"

王阳明回答说："这也不能认为不对。'诚'字也可以从存养身心上来理解。'诚'是心的本体，要恢复心的本体，就要思诚。程颢先生说'用诚敬的心存养它'，也是这个意思。《大学》里说'要端正人心，必须先端正他的思想'，也是如此。"在王阳明看来，用诚敬的态度生活，就是致良知——恢复心的本体的表现。

早在春秋战国时期，圣人孔子就感叹人们"诚心"的日渐趋下，发出"吾不欲观之矣"的喟叹。古代的礼，是国家的大典，全民的大典。皇帝要斋戒沐浴七天或三天以后，才能代表全民出来主祭，而且要全副精神，诚心诚意，十分郑重，绝对不可马虎。但随着当时文化的衰败，即便在郑重的礼上，人们也不再心诚：礼开始以后，主祭者端上一爵奉献神的酒以后，就想赶快走，隆重的祭礼不过是在走形式，应付了事。这样的情形让孔子感叹："我实在不想看下去了。"为什么不想看？就是因为勉强、作假，而丧失了这件事的实际精神。

现在社会上的许多事情都逐渐走向"形式主义"。无论是宗教仪式还是宣誓，只要举起手来表示一下，心里完全没有肃庄恭敬的诚意，完全是为了做而做，为了结果而做，失去了诚心，也就失去了做事的意义，自然也就享受不到做事的快乐。

在一个禅者看来，所有问题的出现都源自心，而所有问题的解决同样源自心。

有一天，奕尚禅师起来时，刚好传来阵阵悠扬的钟声，禅师特别专注地聆听。等钟声一停，他忍不住召唤侍者，并询问："刚才打钟的是谁？"

侍者回答："是一个新来参学的和尚。"

奕尚禅师便让侍者把那个和尚叫来，并问："你今天早上是以什么样的心情在打钟呢？"

和尚不知道禅师为什么问他，于是说："没有什么特别的心情啊！只是为打钟而打钟而已。"

奕尚禅师说："不见得吧？你在打钟的时候，心里一定在想着什么，因为我今天听到的钟声非常高贵响亮，那是只有真心诚意的人才能打出的声音。"

和尚想了又想，然后说："禅师，其实我也没有刻意想着什么，只是我尚未出家参学之前，一位师父就告诉我，打钟的时候应该想到钟就是佛，必须要虔诚、斋戒，敬钟如敬佛，用一颗禅心去打钟。"

奕尚禅师听了非常满意，再三叮嘱说："往后处理事务时，不要忘记持有今天早上打钟的禅心。"

心诚不诚，也许骗得了别人，但骗不了自己。虽然结果的好与坏也存在着许多不确定因素，但总有一些因素是由心而定的。忠诚地对待自己的理想，真诚地对待自己的学业和事业，坦诚地对待自己的亲朋，好的结果就会出现。忠诚度、真诚度、坦诚度越高，好的结果就会越早出现。

心诚则灵，怀着一颗永不放弃、至死不渝的真诚心，就会给人带来永不言败、锲而不舍的精神意念，好的结果自然水到渠成。很多成功的人，正是因为有一颗虔诚的心，才能做出伟大的事业。因此，无论外界如何喧嚣，我们都要固守一颗虔诚的心。虔诚的心中是对正念的把握，是对信念的秉持。纤尘不染，杂念俱无，集念于一处，力量就是最大的。

4.猜疑别人，就是怀疑自己

以是存心，即是后世猜忌险薄者之事；而只此一念，已不可与入尧、舜之道矣。

——《传习录》

王阳明认为，存心去体察别人的欺诈与虚伪，是后世猜忌、阴险、刻薄的人做的事情。只要存有这一念头，就进入不了尧舜圣道的大门。由此可见，猜疑他人，只能使自己离致良知的道路越来越远。

猜疑是一种狭隘、片面、缺乏根据的盲目想象。如果猜疑发生在朋友之间，会破坏纯真的友谊；发生在恋人之间，会阻碍感情的发展；发生在同事之间，会影响正常的工作。猜疑心理不但害人，而且害己，哪怕是一点点猜疑，也可能让你失去最珍贵的东西。

猜疑别人也是在怀疑自己。我们的心时而被猜疑打开，时而又被猜疑关闭。猜疑是一种矛盾心理的体现，过分猜疑极容易转变成病态；而过分相信，又很容易被人愚弄。猜疑使我们产生犹疑，不能果断地处理问题，从而错失许多良机。猜疑会产生许多痛苦的细胞，使我们长夜难眠。想要化解那些不必要的猜疑，最好的方法就是相信自己。良好心态基础上的猜疑使我们保持理智，而狭隘的猜疑使我们丧失信心和斗志。

两个人结伴横过沙漠，水喝完了，其中一人中暑不能行动，剩下的那个健康而饥渴的人对同伴说："你在这里等着，我去找水。"他把手枪塞在同伴的手里，说："枪里有5颗子弹，记住，3小时后，每小时对天空鸣枪一次，枪声会告诉我你所在的位置，让我顺利找到你。"

两人分手后，一个人充满信心地去找水，另一个满腹狐疑地躺在那里等候。他看着手表，按时鸣枪，但他一直相信只有自己才能听到枪声，他的恐惧逐渐加深，一会儿觉得同伴可能找水失败，中途渴死了，一会儿又认为同伴找到了水，却弃自己而去。到应该开第五枪的时候，他悲愤地想："这是最后一颗子弹了，同伴早已听不到我的枪声，等到这颗子弹用完，我还有什么依靠呢？只有等死了，而在临死前，秃鹰会啄瞎我的眼睛，那时该多么痛苦，还不如……"于是，他把枪口对准自己的太阳穴，扣动了扳机。

不久，那个提着满壶清水的同伴领着一对骆驼商旅循声而至，但他们找到的只是一具尸体。

在沙漠里等候的人不是被沙漠的恶劣环境吞没，而是被自己的猜疑毁灭。面对友情，他用猜疑代替了信任，使自己陷入了困境，最终丢掉了性命。

虽然生活中难免会出现意外，我们免不了会对自己的情况产生怀疑，但如果对任何事都无端怀疑，整天疑神疑鬼，那就是病态的心理。这种人整天忧心忡忡，总觉得无论自己做什么事、说什么话，都有人在评论自己，总有人跟自己过不去。

美国哲学家培根说："猜疑的根源产生于对事物缺乏认识，所以多了解情况是解除疑心病的有效办法。"要采取用事实说话的方法，逐步消除自己的猜疑心。当你疑心别人在讽刺你、轻视你的时候，不要马上采取行动，先观察一下，你的猜疑是否正确。不妨设身处地地去为对方设想一下，看他的言行是否合乎情理。这样一来，也许你会发现，事情常常和你猜想的不一样。多做深入调查了解，能避免感情用事。多疑的人应对别人直言相告，坦诚相处，彼此间有了信任，猜疑的基础就不存在了。

如果对某人产生了猜疑，则可以主动与对方接触，开诚布公地谈一谈，多沟通思想，互相交心。这样不但可以消除误会，驱散疑云，还能进一步增进彼此间的友谊，有利于团结一致、携手前进，因多疑而引起的焦虑苦恼也将一扫而光。

贞观初年，有人上书请求清除邪佞的臣子。太宗问他说："我所任用的都是贤臣，你知道哪个是邪佞的臣子吗？"那人回答说："臣住在民间，不能确知哪个人是佞臣。请陛下假装发怒，用来试验群臣，如果能不惧怕陛下的雷霆大怒，仍然直言进谏的，就是忠诚正直的人；如果顺随旨意，阿谀奉承，就是奸邪谄佞的人。"

这个人的办法看起来非常聪明，但太宗对封德彝说："流水的清浊，在于水源。国君是政令的发出者，就好比是水源，臣子百姓就好比是水。国君自身伪诈而要求臣子行为忠直，就好比水源浑浊而希望流水清澈一样，这是不合道理的。我常常因魏武帝曹操为人诡诈而特别鄙视他，如果我也这样，怎么能教化百姓？"

于是，太宗对上书劝谏的人说："我不想用伪诈的方法破坏社会风气。你的方法虽然很好，不过我不能采用。"

诚心诚意地对待别人，才能够得到别人的信任，而不是通过一些看似聪明的障眼法来试探对方。这样做，一方面有被识破的危险，如果这样的做法被别人利用，趁机表现，只会让自己陷入被动、是非颠倒的境地；另一方面，当自己失去了诚意，就不可能再要求被别人真心实意地对待。

事情成功与否，取决于你有多大的诚意。真诚，乃为人的根本。如果你是一个真诚的人，人们就会了解你、相信你，不论在什么情况下，人们都知道你不会掩饰、不会推托，都知道你说的是实话，都乐于同你接近。

以诚待人处世，能够架起信任的桥梁，消除猜疑、戒备的心理，进而成大事、立大本。

5.使自身的诚意达到最高的境界

大抵《中庸》工夫只是诚身，诚身之极便是至诚；《大学》工夫只是诚意，诚意之极便是至善：工夫总是一般。

——《传习录》

王阳明认为《中庸》大体上讲的就是"诚身"，"诚身"的最高境界就是"至诚"；《大学》大体上讲的就是"诚意"，"诚意"的最高境界就是"至善"。这看起来好似不同，但其实他们所讲的心灵修养的道理都是相同的，都是在告诫人们为人要有诚意。诚意包括悲天悯人、诚己信人等发自内心一切善的情怀。

孟子曾说："存其心，养其性。"意思是保存赤子之心，修养善良之性。

我们生来便有一颗赤子之心，不沾俗尘，不染污土，而仁爱是首先要培养出来的性情。为他人奉献善心，为社会造福祉，他人和社会必定会以善回报你。

古代的药铺里常常挂着这样一副对联："但求世上人无病，何妨架上药生尘。"这其中便包含着对生命的一种关怀。自己虽然是良医，却祈求别人不生病，其中蕴涵着至高境界的道德品质。

世间天地万物数不胜数，其中最能够打动人的莫过于一颗宽厚无私、善良的心。

山东潍县以前是个多灾多难的地方，经常发生水灾、旱灾。扬州八怪之一的郑燮（即郑板桥）在当地任县令期间，就有五年发生灾情。在他刚到任的那一年，潍县发生水灾，十室九空，饿殍满地，其景象惨不忍睹。郑板桥据实上报，请求朝廷开仓赈灾，可朝廷迟迟不准。在危急时刻，郑板桥毅然开仓放粮，他说："不能等了，救命要紧。朝廷若有怪罪，就惩办我一个人好了。"灾民这才得到了救济。

郑板桥深知"民为邦本，本固邦宁"的古训，做任何事，他首先想到的是百姓。他招民工修整水淹后的道路城池，采取以工代赈的办法救济灾区壮男；同时责令大户在城乡施粥救济老弱饥民，不准商人囤积居奇；他自己带头捐出官俸，并刻下"恨不得填满了普天饥债"的图章；他开仓借粮时有秋后还粮的借条，到秋粮收获时，灾民歉收，他当众将借条烧掉，劝人们放心，努力生产，来年交足田赋。由于他的这些举措，无数灾民解决了倒悬之危。

为了老百姓，他得罪了一些富户，在整顿盐务时，更是触动了富商大贾的私利。潍县临近莱州湾，盛产海盐，长期以来，官商勾结，欺行霸市，哄抬盐价，贱进贵卖，缺斤少两，以次充好。郑板桥针对这些弊端，严令禁止。因此，一些富人对他造谣毁谤，匿名上告。1752年，潍县又发大灾，郑板桥申报朝廷赈灾,上司怒其多次冒犯,又加上听信谗言,不但不准,反给他记大过处分,钦命罢官,削职为民。

离开潍县时,百姓倾城相送。郑板桥为官十余年,并无私藏,只是雇三头毛驴,一头自骑,两头分驮图书行李,由一个差丁引路,凄凉地向老家走去。临别时,他为当地百姓画竹题诗:"乌纱掷去不为官,囊囊萧萧两袖寒。写取一枝清瘦竹,秋风江上作鱼竿。"

郑板桥为官,不以自己的才情作为晋升的手段,也不以此卖弄,而是用在为民谋福上,这种宽厚无私的精神才是人格的最高境界。

孔子在《论语·颜渊》中也说过:"听讼,吾犹人也。必也使无讼乎!"意思是说,审理诉讼案件,我同别人一样能做好,但内心总是希望这些事情不再发生!孔子希望通过教化来提高人们的修养,减少案件的发生,这是以天下人为念的崇高博大的情怀。

达到诚意的最高境界,要求将福祉惠泽天下的芸芸众生。人只是这个世界微小的一部分,花草鸟兽作为世界的一分子,也应该受到福祉的惠泽。孔子曾说:"子钓而不纲,弋而不射。"意思是说,孔子钓鱼,但不用绳网捕鱼;孔子射鸟,但不射栖宿巢中的鸟。在孔子的眼里,一草一木皆生命,岂有不爱惜的道理。王阳明对于心外存在可以使人渊博、使人明智的知识这一点并不否认,可他更加强调,如果在人内心没有善的动机,即使得到再多,也只是表面现象而已。

确实,在这天地间,即使只是一只毫不起眼的小蚂蚁,也是造物主的恩赐,它的生命与我们人类的生命并没有本质区别,也应该享有生命的尊严。对生命的关怀并非人性的道德完善,也并非居高临下的施舍,而是发自内心对生命的平等的尊重和深切的关怀。很多时候,我们在关怀其他生命的同时,也是对我们自身的关怀与尊重,这才是对自己、对生活最高的诚意。

6.保持本色,无违我心

无事时固是独知,有事时亦是独知。

——《传习录》

泰山拔地而起,于是造就了东岳的雄伟;黄山吞云吐雾,于是成就了它的瑰丽;峨眉清幽秀美,于是展现了它的神奇——山因为自己的个性而呈现出千姿百态,雄也美,秀也美。万事万物,因有个性本真而美丽;芸芸众生,因有个性本真而永恒。

王阳明曾对他的学生黄弘纲说,无事时是独知,有事时也是独知。人如果只在人们关注的地方用功,那就是虚伪的作假。因此,一个人在这个社会上生存,不要总希冀自己能够瞒天过海,还是要以真示人,但求无违我心的好。

子路、曾皙、冉有、公西华坐在孔子身旁。孔子说:"不要认为我比你们年纪大一点,就不敢在我面前随便说话,你们平时总在说:'没有人知道我呀!'如果有人想重用你们,那么你们打算怎么办呢?"

子路不假思索地回答说:"一个拥有一千辆兵车的国家,夹在大国之间,常受外国军队的侵犯,加上内部又有饥荒,如果让我去治理,三年工夫,就可以使人人勇敢善战,而且懂得做人的道理。"

孔子听了,微微一笑,于是又问:"冉有,你怎么样?"

冉有回答说:"一个纵横六七十里或者五六十里的国家,如果让我去治理,三年工夫,就可以使老百姓富足起来。至于修明礼乐,那就只得另请高明了。"

孔子又问："公西华，你怎么样？"

公西华回答说："我不敢夸口说能够做到怎样，只是愿意学习。在宗庙祭祀的工作中，或者在同别国的会盟中，我愿意穿着礼服，戴着礼帽，做一个小小的赞礼人。"

孔子接着问曾皙，这时，曾皙弹瑟的声音逐渐慢了，接着"铿"的一声，放下瑟直起身子回答说："我和他们三位的才能不一样呀！"

孔子说："那有什么关系呢？不过是各自谈谈自己的志向罢了。"

曾皙说："暮春时节，天气暖和，春天的衣服已经上身了。我愿意和五六位成年人、六七个青少年，到沂河里洗洗澡，在舞雩台上吹吹风，一路唱着歌儿回来。"

孔门这几位弟子的个性跃然纸上，子路的忠诚与勇敢，冉有的谨慎，公西华的谦虚，曾皙心灵的平静与淡然，都呼之欲出。个性就是一种特质，一种不因潮流而改变的东西，一种你有别人没有的东西。只有坚持独属于自己的，才是最美的。

明末清初大思想家王夫之在其书中曾强调，个人身处世间，不可"挟心而与天下游"，否则就会像"韩非知说之难，而以说诛。扬雄知白之不可守，而以玄死"。既然一个人不可"挟心而与天下游"，那就说明人生在世，要学会"以真示人"。但很多人都自认聪明，可以骗得了天下人，其实，人的智慧相差无几，一个人的那点小小的伎俩怎么可能瞒得了其他人呢？

东晋时，太尉郗鉴有个女儿，她才貌双全，郗鉴爱如掌上明珠。这么一个宝贝女儿，一定要找个门当户对的人家。郗鉴觉得王家与自己情谊深厚，又同朝为官，听说他家子嗣甚多，个个都才貌俱佳，便想在他家中为自己的女儿择婿。

一天早朝后，郗鉴就把自己择婿的想法告诉了王丞相。王丞相说："那好啊，我家里子嗣很多，就由您到家里任意挑选吧。凡您相中的，不管是谁，我都同意。"郗鉴就命心腹管家带上重礼到了王丞相家。王府子弟听说郗太尉派人觅婿，都仔细打扮一番出来相见。寻来觅去，一数少了一人。王府管家便领着郗府管家来到东跨院的书房里，就见一个袒腹的青年人仰卧在靠东墙的床上，似乎对太尉觅婿一事无动于衷。郗府管家回去向郗鉴报告："王家的少爷个个都好，他们听到相公要挑选女婿的消息以后，个个都打扮得整整齐齐，循规蹈矩。唯有东床上有位公子，袒腹躺着若无其事。"郗鉴说："那个人就是我所要的好女婿！"于是马上派人再去打听，原来那人就是王羲之。郗鉴来到王府，见到王羲之既豁达又文雅，才貌双全，当场决定择其为婿。

王羲之并不因有人来挑选女婿就刻意打扮自己，这就是显其真。

真正成功的人生，不在于成就的大小，而在于是否活出自我。走自己的路，让别人说去吧！何必把自己的人生交到别人的手中，何必要被别人的评论所左右，何不按照自己的想法去过自己的人生！

伪装自己、改变自己只会丢失自己，这样便没有了存在的意义。王阳明提倡恢复心的本体，是告诉世人要保持最为本真的自己。每个人都是独一无二的，无须按照他人的眼光和标准来评判甚至约束自己，无须效仿他人，要相信自己，保持自我的本色，无须去寻求这样那样的机心，应以真心对待万事万物。

事实上，只要我们在遵守团体规则的前提下保持自我本色，不人云亦云，不亦步亦趋，就能创造出属于自己的美好人生。

7.看破繁华，不动于心

圣人无善无恶，只是，无有作好，无有作恶，不动于气。

——《传习录》

孔子人生态度的一个重要方面，就是求心安。心若安定了，那外面的风吹雨打都可看作过眼云烟。就其对儒家之"礼"的阐释——"礼与其奢也，宁俭；丧与其易也，宁戚"，可以看出，孔子认为礼节仪式与其奢繁，不如节俭，正如丧礼那样，与其在仪式上准备得隆重而周到，不如在心里沉痛地哀悼死者，因为心中之礼比其外在形式更重要。

求心安，即保持一颗安定、清净的心，不因外界的打击和诱惑而摇摆不定，不过于狂热地追求心外之物。想要做到这一点并不容易，因为人的心境太容易受到外界的干扰。恶人受丑陋之心的牵引而做坏事，普通人也可能因为执著心、愧疚心等使自己陷入痛苦，无法自拔。如果人对外界的事情心有挂碍，并由此生出烦恼心、欢喜心，那这颗心就失去了它的本来面目。

王阳明的弟子薛侃曾向他请教："为何天地间的善难以培养，而恶却难以去除呢？"王阳明认为，因为心中有善恶之念，引发好恶之心，才导致为善或为恶。他在回答中举出了"花草"的例子：当人们想赏花时，就认为花是好的，而它周围的杂草都是恶的，因为那些杂草影响了赏花的效果；而当人们要用到那些杂草时，则又认为它是善的。这样的善恶区别，都是由于人们的好恶之心而产生的，因此是错误的。王阳明指出，应该心中无善无恶。他所讲的无善无恶，与佛家所讲的不同。佛家只在无善无恶上下工夫而不管其他,不能够将此道理用于治天下。而圣人所讲的无善无恶,是告诫世人不从自身私欲出发而产生好恶之心,不要随感情的发出而动了本心。

有一天,深山里来了两个陌生人。年长的仰头看看山,问路旁的一块石头:"石头,这就是世上最高的山吗?"

"大概是的。"石头懒懒地答道。

年长的没再说什么,就开始往上爬。

年轻的对石头笑了笑,问:"等我回来,你想要我给你带什么?"

石头一愣,看着年轻人,说:"如果你真的到了山顶,就把那一时刻你最不想要的东西给我就行了。"

年轻人很奇怪,但也没多问,就跟着年长的人往上爬。斗转星移,不知过了多久,年轻人孤独地走下山来。

石头连忙问:"你们到山顶了吗?"

"是的。"

"另一个人呢?"

"他,永远不会回来了。"

石头一惊,问:"为什么?"

"唉,对于一个登山者来说,一生最大的愿望就是登上世上最高的山峰,但当他的愿望真的实现了,同时,也就没有了人生的目标,这就好比一匹好马的腿断了,活着与死,已经没有什么区别了。"

"他……"

"他从山崖上跳下去了。"

"那你呢?"

"我本来也要一起跳下去的,但我猛然想起答应过你,把我在山顶上最不想要的东西给你,看来,那就是我的生命。"

"那你就来陪我吧!"

年轻人在路旁搭起了个茅草屋,住了下来。人在山旁,日子过得虽然逍遥自在,却如白开水般没有味道。年轻人总爱默默地看着山,在纸上胡乱画着。久而久之,纸上的线条渐渐清晰了,轮廓也明朗了。后来,年轻人成了一名画家,绘画界还宣称他是一颗耀眼的新星。接着,年轻人又开始写作,不久,他就因他的文章回归自然的清秀隽永而一举成名。

许多年过去了,昔日的年轻人已经成了老人,当他对着石头回想往事的时候,他觉得,画画、写作其实没有什么两样。最后,他明白了一个道理:更高的山其实并不在人的身旁,而在人的心里,心中无我才能超越。

这位老人的境界不可谓不高。确实,更高的山在我们的心里,只有心中无我时,人才能攀越这座高山。人世间最可怕的不是做错事,而是心中动了歪念。倘若内心摇摆不定、狂热偏激,就会动歪念,就会继续做错事,这个时候就只有倒空自己,才会发现虚无。

一位佛学大师曾说:"心是最有反应、最有感悟的器官。我们看大自然的山川鸟兽、花开花落,我们看人生的生老病死、苦空无常,我们看世间的生住异灭、轮回流转等,都会因心的触动而有喜怒哀乐的表现。"世间的风动幡动,其实都是因为心动。

王阳明说:"无善无恶是静态时候的表现,有善有恶是气动的表现。在起心动念间,如果我们自己的内心茫然,就会不知所住,甚至连自己究竟是对是错都分辨不清。因此,唯有秉持一颗安定、清净之心,才能将世情看破,身处繁华闹市而不为所动。

8.与其埋怨，不如转变心态

世人不得第为耻，吾以不得第动心为耻。

——《传习录》

人人都希望自己过上更好的生活，过得舒适快乐。然而，生活并不是一条康庄大道，更多的时候，是一条布满荆棘与陷阱的崎岖小路。很多人在这条路上遇到了困难，不仅无法跨越，还会不自觉地陷入一个可悲的怪圈，把大量的时间放在抱怨上。

王阳明的父亲王华曾是状元，所以家人对他在科举上的成绩也报以厚望。王阳明天资聪颖，后天也十分努力，所以当时很多人都以为他能在科考中一鸣惊人。但事实是，他共参加了三次会试，前两次都落第了，直到第三次才考中。当同科的人都为落第感到羞耻时，王阳明却说："世以不得第为耻，吾以不得第动心为耻。"在他看来，有上榜之事，就有落榜之事，不要过分在意。快乐还是痛苦，都是生活的一部分。只有调整好心态，才能减轻痛苦，享受快乐。

苏轼的友人王定国有一名歌女，名叫柔奴。柔奴眉目娟丽，善于应对，其家世代居住京师，后王定国迁官岭南，柔奴随之，多年后，复随王定国还京。

苏轼拜访王定国时见到柔奴，问她："岭南的风土应该不好吧？"不料，柔奴却答道："此心安处，便是吾乡。"苏轼闻之，心有所感，遂填词一首，这首词的后半阕是："万里归来年愈少，微笑，笑时犹带岭梅香。试问岭南应不好？却道：此心安处是吾乡。"

在苏轼看来,偏远荒凉的岭南不是一个好地方,但柔奴能像生活在故乡京城一样处之安然,从岭南归来的柔奴,看上去似乎比以前更加年轻,笑容仿佛带着岭南梅花的馨香。这便是随遇而安,并且是心灵之安的结果。

不论在什么样的环境里均能安之若素,方可心无烦忧,一心做自己应做或爱做之事,即便身处泥泞之中仍能遥看满山花开。王阳明说："读书作文安能累人？人自累于得失耳。"不懂得身处泥泞之中而遥看山花烂漫的人,并非为泥泞所累,而是被自己的心态所拖累。

有人曾经问过一些饱受磨难的人是否总是感到痛苦和悲伤,有人答道："不是的,倒是很快乐,甚至今天我有时还因回忆它而快乐。"为什么会这样呢？因为他从心理上战胜了磨难,从磨难中得到了生活的启示,他为此而快乐。换句话说,生活本来就是充满快乐的。

一个富人和一个穷人在一起谈论什么是快乐。

穷人说："快乐就是现在。"

富人望着穷人漏风的茅舍、破旧的衣着,轻蔑地说："这怎么能叫快乐呢？我的快乐可是百间豪宅、千名奴仆。"

一场大火把富人的百间豪宅烧得片瓦不留,奴仆们各奔东西。一夜之间,富人沦为乞丐。

炎炎夏日,汗流浃背的乞丐路过穷人的茅舍,想讨口水喝。穷人端来一大碗清凉的水,问他："你现在认为什么是快乐？"

乞丐眼巴巴地说："幸福就是此时你手中的这碗水。"

生活有时候会显出它不公平的一面,使我们经历磨难。然而,那不过是生活中一点或酸或辣的调味品，如果只将目光集中在这里，生活就会变得毫无希望。当我们遇到挫折的时候，多想想美好回忆中那些令人振奋的人和事；当我们的情绪消极倦怠的时候，多想想如何去解决而不是一味地逃避。当我们将内心痛苦的负累转化为积极乐观的力量，便能在不幸的悲剧中重新找到幸福的人生。

其实，每个人的生活都是一样的有苦有甜，不一样的是人们的心态。与其在埋怨中度过，不如转变心态。埋怨只能证明无奈，生活不相信懦弱。

第二章

心 学 价 值
——知善知恶，能容能恕

1.忍一时风平浪静，退一步海阔天空

> 一起一伏，一进一退，自是工夫节次。

——《传习录》

在明朝正德年间，朱宸濠起兵反抗朝廷。王阳明率兵征伐，一举擒获了朱宸濠，为朝廷立了大功。但当时受到正德皇帝宠信的江彬十分嫉妒王阳明的功绩，以为他夺走了自己建功立业的机会，于是就四处散布流言："最初王阳明和朱宸濠是同党，后来听说朝廷派兵征伐，才抓住朱宸濠给自己开脱。"

　　王阳明听到这个消息后,与总督张永商议道:"如果退让一步,把擒获朱宸濠的功劳让出去,就可以避免不必要的麻烦。假如坚持下去,不作妥协,江彬等人很可能狗急跳墙,做出更加阴险的事。"为此,他将朱宸濠交给张永,使之重新报告皇帝:擒获朱宸濠是总督军门和士兵的功劳。如此一来,江彬等人也就无话可说了。

　　事后,王阳明称病到净慈寺修养,张永回到朝廷后,大力称颂王阳明的忠诚和让功避祸的高尚之举,正德皇帝终于明白了事情的始末。

　　王阳明以退让之法顾全了大局,保护了自身的安全。

　　就现实社会的生活而言,努力进取、坚持不懈的行为无疑是值得肯定的。然而,在复杂的人生道路上,既需要勇敢拼搏,也需要有为有守。退让不仅是一种机智,也是一种坚忍的毅力和顽强的意志。瞬间的忍耐,将使狭隘的人生之路变的无限广阔。

　　唐朝娄师德性格稳重,很有度量。他弟弟去上任代州刺史时,曾向他征询建议。娄师德对弟弟说:"我现在辅助丞相,你现在又承皇上厚爱,得以任州官,我们真是受皇上的宠幸太多了。而这正是别人所嫉妒的,你如何对待这些妒忌以求自免家祸呢?"娄师德弟弟说:"自今以后,若有人朝我脸上吐唾沫,我自己擦去唾沫,绝不叫你为我担忧。"娄师德说:"这正是我所担忧的地方。别人向你吐唾沫,是对你表示恼怒,如果你将唾沫擦去,那岂不是违反了吐唾沫之人的意愿吗?别人会因此而增加他的愤怒。不要擦去唾沫,让它自己干了,笑着去接受它。"

　　任唾沫自干,笑着忍耐接受,娄师德想要告诉我们的无非是"忍一时风平浪静,退一步海阔天空"的道理。能够称赞挖苦你的人,那真令人敬佩;能够用智慧、品行战胜狭隘的嫉妒,更是了不起。如果一个人平常为人能在语言上肯吃点亏，让人一句，在事情上留有余地，让人一步，也许收获会更大。

对于隐忍退让，王阳明也曾说过，起伏、退让都是功夫。就像海上波浪一样，有起有伏，人生际遇有进，也必然有退。

在生活中遇到不如意的事时，若不能处之泰然，就很容易引起心理上的不平衡，并进一步导致身体和精神上的疾病。为了保持心理上的平衡，我们必须学会及时疏导自己的愤怒情绪，必要时做出适当的让步，暂时回避，等情绪稳定后再重新面对。

有限的退让是一种自保的策略，更是一种为人处世必备的心理素质。退让能换来更大的生存空间、发展空间，能换来以后更长足的进步、更辉煌的前程。

所以，万一跟人有了争执，一定要这么想："忍一忍风平浪静，退一步海阔天空。"

2.斤斤计较之辈，难成大事

凡人言语正到快意时，便截然能忍默得。意气正到发扬时，便翕然能收敛得。愤怒嗜欲正到腾沸时，便廓然能消化得。此非天下之大勇，不能也。

——《顺生录》

"宰相肚里能撑船"不是一句虚话，但凡真正的大人物，都有相对广阔的胸襟，斤斤计较之辈一般难有大出息。

王阳明虽然没有做过宰相，却比一般宰相还要大度。平定了叛乱，俘
虏了宁王朱宸濠后，他先是把功劳全都让给了别人，之后，朝中公公张永
向王阳明索要朱宸濠筹备造反时打通关系送礼行贿的账本，张永本想借
此账本整治那些平时跟王阳明唱反调的人，但王阳明却声称把这个账本
给烧了。在他眼中，叛乱已经平定，没有理由再大动干戈，一切到此为止。

一个真正成功的人，必须要有博大的胸襟。只有胸襟足够宽广，才能
不被狭隘偏私所限制，才能认识生命真正的意义，成为识人才的伯乐，眼
光高远，千金买马骨。

更始年间，有个叫王郎的人想造反，结果事败被刘秀给杀了。在搜查
王郎的府邸时，搜出了大量自己的部下与王郎暗中勾结谋划造反的书
信。对于这些书信，刘秀却看都没看，他将所有的将领召集起来，然后当
众将信都烧了，以此来表明自己对此事不予追究，来安抚手下的心。

和刘秀一样，曹操也遇到过此类的事情。当年"官渡之战"，曹操扫除
了北方最强劲的对手袁绍，统一了北方。在从袁绍处缴获的战利品中找
到了书信一束，都是许都和军中的一些人与袁绍暗通的书信。当时有人
建议曹操，对照书信一一点名，然后把这些人抓起来都杀了。但曹操却
没有看信，而是当着众人的面把信全部都给烧了，事后对此事也是只字
未提。

刘秀和曹操都是成就了一番事业的人物，在历史上给后人留下了深
刻的印象，他们之所以能有如此成就，是因为他们拥有能宽恕别人的气
度，有一种不同凡响的风度。

曹操在诗中说:"青青子衿,悠悠我心。但为君故,沉吟至今。"无论在什么时代,人才永远都是最重要的。人才难得,所以很多成功人士对冒犯自己的人才选择既往不咎,收为己用。这也是他们能成就霸业的关键。

春秋时期,齐国国君齐襄公被杀。襄公有两个兄弟,一个叫公子纠,当时在鲁国;一个叫公子小白,当时在莒国。两个人身边都有个师父,公子纠的师父叫管仲,公子小白的师父叫鲍叔牙。两个公子听到齐襄公被杀的消息后,都急着回齐国争夺君位。在公子小白回齐国的路上,管仲早就埋伏好了人马,准备拦截他。当公子小白到达埋伏地时,管仲拈弓搭箭,对准小白射去。只见小白大叫一声,倒在车里。管仲以为小白已经死了,就不慌不忙护送公子纠回齐国。怎知公子小白是诈死,等到公子纠和管仲进入齐国国境, 小白和鲍叔牙早已抄小道抢先回到了国都临淄,小白当上了齐国国君,即齐桓公。齐桓公即位以后,即发令要杀公子纠,并把管仲抓回齐国治罪。谁知,鲍叔牙却向齐桓公推荐管仲为相。齐桓公气愤地说:"管仲拿箭射我,要我的命,我还能用他吗?"鲍叔牙说:"那时他是公子纠的师父,他用箭射您,正是他对公子纠的忠心。论本领,他比我强得多,主公如果要干一番大事业,管仲可是个用得着的人才。"

齐桓公也是个豁达大度的人,听了鲍叔牙的话后,不但不办管仲的罪,还立刻任命他为相,让他管理国政。管仲帮着齐桓公整顿内政,推行富民强兵的改革政策,为齐桓公称霸奠定了坚实的基础。

齐桓公既往不咎,原谅了管仲的冒犯,原因在哪儿呢?一是各为其主,管仲的行为并不能算错;二是管仲确有大才;还有最重要的一点,是齐桓公确实是一个有胸襟的人。

王阳明接受两广新任命的时候,当朝的小人对其的诬陷仍然不断,朝廷没有对其给予任何澄清, 但王阳明把天下百姓安危放在最重要的位置上,不顾病体,踏上了前往广西收拾残局的道路。没有私心,自然能够容忍小人的不仁。生活中,我们虽然没有机会面对这样的重大选择,但也应该学学王阳明,凡事不要总考虑自己的利益,如此,心自然就能容纳更多。

3.与人为善,暖人暖己

然爱之本体固可谓之仁,但亦有爱得是与不是者。须爱得是方是爱的本体,方可谓之仁。

——《王文成公全书·文录二书》

早年间,王阳明立志于格物穷理。在他看来,明白善与恶的差别就是良知,而怀有善心做一些善事,反对和去除一切"恶人"、"恶事"便是格物,便能穷理。其实,无论我们做什么工作,如果能秉持多付出一点爱心的原则,成功就是必然的。

"人之初,性本善"是人所共知的《三字经》的开篇语,但长大的我们心中是否还留有这一份善呢?也许我们有,也许我们的心里早就被不良诱惑挤满了,不再有善的踪迹。

在这个世界上,贪欲与邪恶、自私与狡诈以前所未有的程度存在着。然而,善良依然是这个世界最感人的力量,它使我们充满力量与勇气,使我们赢得尊重和支持,帮助我们一步步走向成功。帮助别人就是帮助自己,每一个善良仁爱的人一定会得到回报。

一个穷苦学生为了凑足学费,在外面挨家挨户地推销商品。由于他一心一意想凑足学费而不想多花钱,饥饿的他决定硬着头皮向人讨些食物。他敲了一户人家的门,开门的是一个小女孩,他一看便失去了勇气,心想:天下哪有大男生跟小女孩讨东西吃的?于是,他只要了一杯开水解渴。小女孩看出他非常饥饿,便拿了一杯水与几片面包给他。他很快把食物接过来,狼吞虎咽地吃着,一旁的小女孩看到他这种吃法,不禁偷偷地笑着。吃完后,他很感激地说:"谢谢你,我应该给你多少钱?"她傻傻地笑着说:"不必了,这些食物我们家有很多。"他觉得自己很幸运,在陌生的地方还能受到他人如此好的照料。

十几年后,当年的小女孩得了罕见的疾病,许多医生都束手无策。女孩的家人听说有一个医生医术很高明,找他看看或许有治愈的机会,便赶紧带她去接受治疗。在医生的全力医治和细心护理下,女孩终于恢复了往日的健康。出院那天,护士将医疗费用账单交给她,她几乎没有勇气打开来看,心想可能要一辈子辛苦工作才还得起这笔医疗费。可当她打开账单,却看到签名栏上写了一段话:"一杯白开水与几片面包,足够偿还所有的医疗费。"她眼里含着眼泪,终于明白,原来主治医生就是当年那个穷学生。

一杯白开水和几片面包,竟可以抵消天文数字的医疗费用,这点投资的回报是不是极大呢?在股市上,人们把正在升或发展潜力很好的股票叫绩优股。其实生活中也存在"绩优股",这就是善良仁爱,通俗地讲,就是"好人有好报"。

善良仁爱具有强大的力量,它能使人敞开心扉。善待社会、善待他人,并不是一件复杂、困难的事,只要心中常怀善念,生活的小小善行不过是举手之劳,却能给予别人很大的帮助,何乐而不为呢?

心中有情，世界才会风光无限。仁爱之心如一盏明亮的灯，它可以照亮我们的人生。所谓仁爱，就是先想到别人，能宽容别人，与人为善。

春秋战国时期，楚国的国君楚惠王在一次进御膳时，发现腌酸菜中有一条水蛭，他就夹起把它吞下去了。之后，他出现腹痛，以致不能进食。他的令尹问他："大王，请问您是怎样患上这病的？"

楚惠王说："我在吃腌酸菜时吃了一条水蛭。当时我想，如果我只是责备厨房里的人，而不定他们的罪，那就是废弃法律，放弃威严，我不想让老百姓听到竟然有这样的事情发生。如果追究起来，那些厨子和试菜的人统统都要被杀头，我又不忍心这样做。我怕旁边的人看见，所以便把水蛭吞下去了。"

令尹深深地施了一礼，祝贺道："我听说上天是铁面无私、六亲不认的，只是辅佐有德行的人。大王您大仁大德，正是上天保佑的人啊，这点小病是不会伤害您的。"当晚，楚惠王胃里的水蛭就被弄出来了，不用再忍受那疼痛之苦。

古语云："人生一善念，善虽未为，而吉神已随之。"意思是说，一个人只要心存爱心，即使还没有去付诸实践，吉祥之神已在陪伴着他了。楚惠王为使他人免除灾难，而不惜自己忍受痛苦，这样怎么会得不到上天的眷佑呢？爱人者，人恒爱之，敬人者，人恒敬之。

说到底，慈悲是一种关怀，是无条件地爱一切生命。播种爱心，慈悲为怀，不仅能够得到内心的安静祥和，达到美好的境界，而且能让别人获益，记取你的那份善良与美好。

上善若水，涓涓细流，润物无声。播撒爱心，幸福触手可及。

4.大爱无私,至善无痕

性之本体原是无善无恶的,发用上也原是可以为善、可以不为善的,
其流弊也原是一定善一定恶的。

——《传习录》

王阳明认为,人性本来就是无善无恶的,所以其出发点可以为善,可
以不为善,一切都是心为主宰,所谓的善恶都是人心造成的区别。如果怀
有一颗善心,那么做出的事情多为善事;倘若心中布满邪恶,做出的事情
也会多为恶事。

不可否认,王阳明是一个善良之人,做了很多善事。他报效国家,解
救危难之中的百姓,被贬至偏远地区,即使环境条件极差,壮志难酬,他
也不放弃自己心中的理想,立志成圣。他开设学堂办学,宣传心学,讲道
理。他提倡良知,倡导天下万物没有远近之分,都要施予仁爱之心。

王阳明还提出,常人之心和圣人之心是相同的,因为常人的内心蒙
受私欲,所以不及圣人之心的心如明镜。仁爱不仅仅是修养要达到的境
界,同时也是人心之本体。正所谓"大爱无私,至善无痕",我们人人都应
该有一颗慈善之心,用自己的力量去帮助他人,做到至善至美,这样才能
达到人生的高境界。老子的《道德经》中有这样一句:"上善若水,水善利
万物而不争。"意思是最善者的品行,就如同水一样,可以滋养与造福万
物,却不与万物争任何东西。

唐朝时,大诗人白居易喜欢学习佛法。那时,白居易是杭州太守,因

仰慕鸟巢禅师之名,入山拜访鸟巢禅师。

鸟巢禅师住在树上,白居易在树下说:"师父,您住得这么高,太危险了。"

禅师在树上说:"太守大人,您的危险更甚于我啊!"

白居易问:"弟子位镇江山,怎么会有危险呢?"

禅师说:"官场中的荣辱得失、利害是非太多,加上这个充满危机的社会,如同熊熊大火,积薪相交。你在其中,或得意于青云,或失意于穷途。得意则忘形,失意则生怨,难免党同伐异,怨恨憎恚,喜怒哀乐,机心算计。种种烦恼,无息之时,又苦又累,怎么会不危险呢?"

白居易肃然起敬,问:"请师父指点,什么是佛法大意?"

禅师说:"诸恶莫作,众善奉行。"

白居易不觉笑道:"这是三岁小孩也知道的道理。"

禅师说:"三岁小孩虽然能知道,可是80岁老翁却做不到。"

白居易一想:"是啊,知道的未必能行,学佛多年,不能身体力行,有什么用处呢?"白居易心悦诚服,便施礼退下了。

做人要善良是人人都懂的道理,可有多少人能够做到呢?"诸恶莫作,众善奉行",说起来很简单,可做起来非常不容易。

评价一个人,看的不是他有多成功,也不是他有多少财富,而是看他有多大的爱心,有多少至真至善的心。

庄子提倡的是人生行为要做到至善,至善无痕。庄子不但强调为善,同时也强调为恶的方法。一个人有心地去做好事,表现给别人看,或表现给鬼神看,虽然是好事,但也没什么值得奖励的;一个人在抬着重物,导致手抽筋,不小心将重物砸到了周围的人,不幸使得周围的人受伤了,他并没有存心要伤害对方,虽然是一件坏事,但也不该受到惩罚。

一天,一位名叫冕的盲人乐师来看孔子。孔子出来接他,扶着他,快要上台阶时,告诉他:"这里是台阶。"到了席位上,孔子又说:"这里是席位,请坐。"等大家坐下来,孔子就说某先生在你左边,某先生在你对面,一一详细地告诉他。

等乐师冕走了,子张就问:"先生,你待他的规矩这样多,处处都要讲一声,待乐师之道,就要这样吗?"

孔子说:"当然要这样,我们不但对盲乐师要如此,对这样眼睛看不见的人都应如此。"

《论语》中有载:"子张问善人之道。子曰:不践迹,亦不入于室。"其中,"不践迹"就是说,做一件好事不必要让人看出来是善行。为善要不求人知,如果为善而好名,希望成为别人崇敬的榜样,这就有问题了。"亦不入于室",意思是不要为了做好人、做好事,而用这种"善"的观念把自己束缚起来。真正的善是无声的,默默不让人知,善意埋藏于心底,行善不着痕迹,润人于无形当中。

小小的善意行为,不用言表,信手做来。莎士比亚曾说:"慈悲不是出于勉强,它是像甘露一样从天降下尘世,它不但给幸福于受施的人,也同样给幸福于给予的人。"所以,行善无迹的人通常才是最幸福的。

5.将心比心,推己及人

"亲民"犹如《孟子》中的"亲亲仁民",亲近就是仁爱。

——《传习录》

《论语》说："仁者，爱人。"仁爱就是人性中应该有的朴素和美丽。在王阳明看来，仁爱也是人性中的"善"，王阳明一生中无论是被贬还是平叛，他始终和百姓保持着亲密的联系，以仁爱之心对待百姓。

仁爱思想讲究付出、不计回报，提倡扶危济困、尊老爱幼。自古以来，受到儒家仁爱思想影响的先贤不计其数，他们的仁爱之道常能达到推己及人的程度。诗人屈原，还在幼年时就怀有悲天悯人的情怀。

当时正逢连年饥荒，屈原家乡的百姓们吃不饱穿不暖，时有沿街乞讨、啃树皮、食埃土者，幼小的屈原见之不禁伤心落泪。

一天，屈原家门前的大石头缝里突然流出了雪白的大米，百姓们见状，纷纷拿来碗瓢、布袋接米，将米背回家。不久，屈原的父亲发现家中粮仓里的大米越来越少，感到很奇怪。一天夜里，他发现屈原正从粮仓里往外背米，便将屈原叫住，一问才知道原来是屈原把家里的米灌进了石缝里。乡亲们知道了真相都很感动，连连夸赞屈原。

父亲没有责备屈原，只是对他说："咱家的米救不了多少穷人，如果你长大后做官，把地方管理好，天下的穷人不就有饭吃了吗？"

自此，屈原勤奋学习，成人后，楚王得知他很有才能，便召他为官，管理国家大事。他为国为民尽心尽力，为后世所称颂。

屈原的这份朴素和美丽发源于心，由内而外，是人性中最质朴而绵长的一种情怀。

"仁"是儒家学说中最重要的一个概念。在孔子眼里，无论是"好仁者"还是"恶不仁者"，其实都有一颗仁爱的心，人性本善的另一层意思就是人性本仁。而"己所不欲，勿施于人"也是一种仁爱的表现。在给别人东西之前，最好想想对方或自己到底想不想要，如果连自己都不想要，那就不要硬塞给别人。

每个人在社会上都不是孤立的，周围有许多与自己共同学习、工作和生活的人，为使学习顺利、事业成功、生活幸福，人们需要建立良好的人际关系，而推己及人正是实现人际关系和睦、融洽的重要之道。

要做到推己及人，首先要做到"己所不欲，勿施于人"，然后再进一步做到"己欲立而立人，己欲达而达人"，也就是孔子所说的"推己及人可谓仁之方也"。一个有仁德的人，自己想要站得住，同时也要帮助别人站得住；自己想要事事行得通，同时也要帮助别人事事行得通。推己及人，将心比心地为别人设想一下，这并不是一条高不可及的教条。其实，无论君子妇孺，这剂"仁"之方都同样适用。

南宋诗人杨万里的妻子每到天寒时便早早地起床，然后径直走进后院的厨房里，熟练地生火、烧水、煮粥。满满的一大锅粥要熬上很长时间才行，杨夫人静静地等着。过了一会儿，清甜的粥香顺着热气渐渐充满了厨房，飘到院子里。

院子的另一边，仆人们伴着这熟悉的香气陆陆续续地起床，洗漱完毕后，到厨房接过杨夫人亲自盛的满满一大碗热粥喝了起来，身心感到很温暖。

杨夫人的儿子杨东山看到母亲忙碌了一早晨，心疼地说："天气这么冷，您又何苦这么操劳？"

夫人语重心长地说："他们虽是仆人，也是各自父母所牵挂的子女。现在天气这么冷，他们还要给我们家里做活。让他们喝些热粥，胸中有些热气，这样干起活来才不会伤身体。"

杨夫人之所以能说出如此慈悲为怀的话，是因为她懂得设身处地体会别人的切身感受，能够为别人着想。她的做法，既教育了儿子，也温暖了仆人们的心。

虽然是生活中的小场景，但由此推想，小中亦可见大。我们行走在这个社会中，自己不想要的，也不要强加给别人，再进一步，自己想要立足，就要能够大度地让别人也能立足。

王阳明在庐陵任县令时，曾向当地百姓发过一道文告，其中有一条是要求民众懂得谦让礼仪，做一个善良的人。王阳明认为，只有善良才能够让家庭得到安乐，才能够保全财产。

只要从爱出发，一路与爱相伴，生命就会获得本质的诗意和快乐。

6.利他方能自利，害人终会害己

夫道有本而学有要，是非之辩精矣，义利之间微矣。

——《悟真录》

王阳明很注重个体的社会责任，个体作为社会的存在，同万事万物是共存的关系，这个观念具体化为以仁道的原则对待一切社会成员并真诚地关心、友爱他人。他那看似不容于世，其实又处于俗世的一生始终都坚持通过仁爱来显现内心的良知，即便背负冤屈，坎坷一生，也是如此。

敬人者，人敬之；爱人者，人爱之；损人者，人损之；欺人者，人欺之。所以，我们应该做到自利利他，不可损人利己。

在王阳明看来，义与利之间的差别很小，也就是说，如果能做一些"义"事，对他人有益，自己也一定能获得利益。

在远古的时候,上帝在创造着人类。

随着人类的增多,上帝开始担忧,他怕人类的不团结会造成世界大乱,从而影响他们稳定的生活。

为了检验人类之间是否具备团结协作、互助互帮的意识,上帝做了一个试验:

他把人类分为两批,在每批人的面前都放了一大堆可口美味的食物,却给每个人发了一双细长的筷子,要求他们在规定的时间内把桌上的食物全部吃完,并不许有任何浪费。

比赛开始了。

第一批人各自为政,只顾拼命用筷子夹取食物往自己的嘴里送,但因筷子太长,总是无法够到自己的嘴,而且因为你争我抢,造成了极大的浪费。

上帝看到此,摇了摇头,为此感到失望。

轮到第二批人类。

他们并没有急着用筷子往自己的嘴里送食物,而是围坐成了一个圆圈,先用自己的筷子夹取食物送到坐在自己对面人的嘴里,然后,由坐在对面的人用筷子夹取食物送到自己的嘴里。就这样,每个人都在规定时间内吃完了整桌的食物,并且没有造成丝毫浪费。

第二批人不仅享受了美味,还获得了彼此更多的信任和好感。

上帝看了,点了点头,为此感到欣慰。

但世界总是不完美的,于是,上帝在第一批人类的背后贴了五个字,叫"利己不利人";而在第二批人的背后贴上另外五个字,叫"利人又利己"!

利己是人与生俱来的本性,它归根结底源自生存的需要,但人是生活在群体之中的,单方的利己行不通,互相帮助更有利,帮助别人也是帮助自己,于是就产生了群体中利他的行为准则。

雍正年间，京城里有一家规模很大的药店。这家药店制药选药特别地道，连雍正皇帝也很相信他们的药，让他们承揽为"御膳房"供应药品的全部生意。

有一年，恰逢科举考试，会试正是三月，称为"春闱"。前一年冬天没下多少雪，一开春气候反常，疫病流行，赶考举子病倒不少。即使还能够支撑的，也多是胃口不开，精神萎靡。当时，科场号舍极其狭小，坐下去伸不直双腿，而且，一连三场考试不能离开，体格稍差的根本支持不住。

这家药店抓紧配制了一种专用药，托内务府大臣奏报雍正皇帝，愿意将此药奉送每一个举子，让他们带入考场，以备不时之需。

雍正皇帝听说此事，大为嘉许。这家药店派专人守在贡院门口，赶考举子进入考场时，不等他们开口，就在他们考篮里放上一包药。这些药的包装纸印得十分讲究，上有"奉旨"字样，而且随药包另附一张纸，把自己有名的丸散膏丹都印在了上面。

结果，一方面是这家药店的药确实好，另一方面也是这些赶考举子的运气好，这一年入闱举子中，因病退场的人非常少。

如此一来，举子们不管中与不中，都成了这家药店的顾客。更重要的是，来自各省的举子们把这家药店的名声传扬到各地，远至云南、贵州都知道京城这家店，这家药店的生意也变得越发兴隆起来。

只是用了很少的本钱，却换来了大生意。这家药店能够赢得这么大的成功，就是因为他懂得利他方能自利的原则。

一个人活在世上，虽然不能做到利人不利己，但也要从利己想到利人，做到"自利利他"。利己与利他并不总是处于对立的位置，很多时候，二者完全可以统一起来——虽然人的行为动机是利己，但其产生的客观结果很可能利他。

如果每一个人都能做利他，那么每个人也能实现自利，这就是所谓的"我为人人，人人为我"。因为我们在别人眼中也是"他"，对别人来说是利他，对自己来说就是利己。如果人人都不管"他人"，而只顾自己，那么，我们自己也会成为人人都不管的"他人"。然而，在这个群体共生互助依存的社会，一个人的能力是很有限的，需要借助他人的力量。因此，对于我们每一个人而言，都是利他方能利己，用一颗利他的心去对待他人才是生存之道。

7.不要揪着错误不放

人有过，多于过上用功，就是补甑，其流必归于文过。

——《传习录》

王阳明认为，人都会犯错，但过分把精力放在过错上，就像是补破了的饭甑，有文过饰非的弊端。就好像人犯错后，自省是为了掩盖错误，而不是改正错误。

错误，人人都会犯，关键是对待过失和错误的态度。有的人实事求是，不隐瞒，不避讳，不歪曲；有的人是只说好的不提差的，撒谎掩饰过错。

伟大的科学家爱因斯坦，一直为他"一生最大的错事"而愧疚。爱因斯坦究竟做错了什么事？

1917年，也就是他创立广义相对论的第二年，为了解释宇宙的稳恒态性问题，爱因斯坦和荷兰物理学家德西特各自独立进行此项工作的研究。他们发现引力场方程的宇宙解是动态的而不是静态的，也就是说，宇宙要么膨胀，要么收缩。由于物理直觉上的偏见和数学运算上的失误，爱因斯坦不愿放弃静态宇宙的概念，为求得一个静态的宇宙模型解，他不惜在方程中引进了一个"宇宙项"。这个结论在当时既符合宇宙学原理，又符合已知的观测事实。然而，1922年，美国学者弗里德曼求出了这个方程的另一个动态解；1927年，比利时学者勒梅特也独立求得同一解。从数学角度证明，宇宙不是静态的，而是均匀地膨胀或收缩着。然而，爱因斯坦仍然不肯接受这个结果，坚持他的静态宇宙模型观。

两年后，美国天文学家哈勃根据远距星云的观测，发现远距恒星发出的光谱线有红移现象，离地球越远的恒星光谱线红移越大，这说明恒星在远离地球而去。哈勃的发现支持了弗里德曼等人的动态宇宙模型，也改变了爱因斯坦对宇宙的看法。爱因斯坦把坚持静态宇宙模型的失误称为他"一生中最大的错事"，并收回了对弗里德曼等人的批评。

后来，在他70岁生日之时，他向好友索洛文表示："我感到在我的工作中没有一个概念是很牢靠地站得住的，我也不能肯定我所走的道路一般是正确的。"

一位举世闻名的伟大科学家能勇于承认自己的失误，谦虚地回顾自己已被世人承认和称颂的成就，表现了他实事求是、尊重科学的坦荡胸怀。这也正是爱因斯坦能取得伟大成就的原因。

其实，过错并不可怕，它往往是成功的开始。美国一位大企业家曾说："年轻人需要多犯错，因为错误是事业发展的最好燃料。"

在乔治亚州的亚特兰大市，有一名叫约翰·潘博顿的药剂师。在1886年5月的一天，他在自家的院子调制出了一锅能提神解疲、减轻头痛和有

44

镇静作用的饮料。潘博顿将这锅液体带到药房,指示他的助理魏纳伯倒入一些糖浆和水,然后添加些冰块,他俩尝过后觉得味道好极了。

正当他要倒第二杯的时候,魏纳伯不小心加错了水,他加的不是普通的水,而是含有二氧化碳的水。没想到,他们俩更喜欢这个味道。

他们决定不以"头痛药"为名字,而是当作一般解渴的饮料来卖。因为里面含有古柯叶和可乐果,他们便将这种饮料取名为"可口可乐"。

至今,全世界155个国家的顾客,平均每天要喝掉3.93亿瓶可口可乐。当初的治疗头痛的饮料,如今却变成了全世界最受欢迎的饮料之一。

"可口可乐"因为一次过失而诞生,由此可见,错误和过失给人们带来的不只有负面影响,也有其正面的价值。正确地面对过失和错误,是迈向成功的必经之路。

但现实生活中,多数人都无法看到犯错带来的正面力量。他们担心做错事,不敢尝试新的事物,所以,他们总是在原地踏步,没有长进,甚至变得更糟。这时候,大家为何不像王阳明认为的那样,坦然面对错误,努力改正,不要像补破碎的饭甑一样,浪费时间和精力,这才是自省的真谛。

8.知错就改,善莫大焉

一念改过,当时即得本心。人孰无过?改之为贵。

——《静心录》

在《寄诸弟》中，王阳明曾说："一念改过，当时即得本心。人孰无过？改之为贵。"意思是，很多错误都是一念之差造成的，"人非圣贤，孰能无过"，但只要将一念之过改正，就可以得到"本心"，找回真正纯洁的灵魂。勇于承认错误并加以改正，是十分可贵的，所以，那些知错能改的人，也可以称得上是令人尊敬的君子。

人只要活着，就不可避免地会犯错。犯错并不可怕，那些敢于承认错误、承担责任的人，一样会受到人们的尊重。而生活中、工作中，有的人却为了不丢面子，不愿正视自己的错误，而选择将错就错。其实，真正的自省是完全敞开自己的内心，是灵魂对每个细胞的审视，是一种总领全局的广阔的思考，是行走中停下来查看前后左右道路的谨慎。

战国时期，赵国有一文一武两个得力的大臣。武的叫廉颇，他多次领兵战胜齐、魏等国，以英勇善战闻名于诸侯。文的叫蔺相如，他有勇有谋，面对强悍的秦王临危不惧。他两次出使秦国，第一次使国宝和氏璧得以完璧归赵，第二次是陪同赵王去赴秦王的"渑池之会"，两次都给赵国争回了不少面子，秦王也因此而不敢再小看赵国。因为这些功劳，赵王先封他为大夫，后封他为上卿，地位在大将廉颇之上。

廉颇对蔺相如很不服气。他想：蔺相如有什么能耐，无非是会要几下嘴皮子，我廉颇才是真正的功臣！他对手下的人说："我要是见到了蔺相如，一定要让他尝尝我的厉害，看他能把我怎么样！"

这话传到了蔺相如的耳朵里，为避免与廉颇发生冲突，他干脆装病不去上朝。他还吩咐手下的人，叫他们以后碰着廉颇的手下，千万要让着点儿，不要和他们争吵。可是冤家路窄，一次，蔺相如出门办事，正碰见廉颇远远地从对面过来，蔺相如就叫马车夫把车子赶到小巷子里，让廉颇的车马先过去。

蔺相如的手下气坏了，纷纷责怪蔺相如胆小，害怕廉颇。蔺相如笑了笑，说："廉颇和秦王哪个厉害呢？"手下说："当然是秦王厉害了。"蔺相如接着说："我连秦王都不怕，还会怕廉颇吗？要知道，秦国现在不敢来打赵国，就是因为国内文官武将一条心。我们两人好比是两只老虎，两只老虎要是打起架来，难免有一只要受伤，这就给秦国制造了进攻赵国的好机会。你们想想，国家的事要紧，还是私人的面子要紧？所以，我宁可忍让一点儿。"

这话传到了廉颇耳朵里，他感到非常惭愧。一日，他裸着上身，背着荆条，跑到蔺相如的家里去请罪。蔺相如连忙把廉颇扶起。从此，两人成了最要好的知心朋友，一文一武，共同保卫赵国。

廉颇的行为不仅说明他是一位猛将，还是一位勇士，一个勇于正视自己错误、敢于承认错误和改正错误的勇士。王阳明告诉自己的学生，凡事要懂得从自身找原因，而不是总把错误归咎到别人身上。倘若我们能将这种反求诸己的忏悔融入到生活中，使之成为我们生活的一部分，那么，忏悔对于我们而言就不再是痛苦的事情，相反，它会是一种享受，你可以在忏悔中一直不停地思考，直到疲倦为止，甚至可以用苛刻收容你过去所有的过失，让一切通过时间的作用变成神圣的永恒。

忏悔能纯洁我们的心灵，在忏悔中，我们能认识并改正已犯下的过错，并且在此基础上防止同样的错误再次发生，不断地完善自己。

汉朝时期，汉中地区有一个人叫程文矩，他的妻子在生下四个孩子以后，不幸去世。李穆姜在生下两个孩子以后，丈夫不幸也离开人世。经人介绍，程文矩娶李穆姜为妻，并把李穆姜的两个孩子带到了程家。

同其他失去母亲的孩子一样，在李穆姜刚刚来到程家时，程文矩前妻的四个孩子很不尊敬继母，不听从教导，有时对母亲还很粗暴无理。

李穆姜深知做母亲的道理，又宽宏大量，从不计较孩子的无理，她宁可让自己亲生的孩子受些委屈，也从不另眼看待那四个孩子，对他们仍然无微不至地关心爱护。

邻居看到这种情况，为之不平，对李穆姜说："你看那四个孩子这样不孝敬你，他们已经长大了，你为什么不让他们分家单过？眼不见，心不烦，也省得跟他们生这份气！"

李穆姜说："我不能这样做。他们终究还是孩子，我不能推出去不管。我还是要尽做母亲的责任，他们迟早会慢慢明白过来的。"

有一次，程文矩前妻的长子程兴得了重病。程文矩不在家，李穆姜心里非常着急，她到处求医寻药，请来名医高手为儿子看病。每天亲自为他抓药、熬药，还一匙一匙地精心喂药，经过一段时间的治疗和护理，程兴的病才渐渐痊愈。长子程兴非常感激，同时也对自己以前的行为非常懊悔，觉得兄弟姐妹四人太没良心。

有一天，长子程兴把他的弟弟妹妹叫到跟前，非常沉痛地说："母亲对我们倍加慈爱，这完全是出于母亲的天性。过去，我们不理解母亲，不懂得母亲的恩情，对她那样无理，这是跟禽兽没有两样！母亲的心胸开阔，有气度，不跟我们一般见识，不计较我们的不孝。可我们对母亲的态度，简直到了犯罪的地步！"

他声泪俱下，越说越感到对不起母亲，于是领着弟弟妹妹找母亲认罪。兄弟姐妹四人跪在地上放声痛哭，对母亲说："母亲，你打我们骂我们吧，我们犯了不可饶恕的不孝之罪！"

尔后，程兴又不顾母亲的百般阻拦，带了弟弟妹妹一起到官府，对县吏一一陈述了母亲对他们的恩德，又历数了他们是怎样地不孝敬母亲，请求官府严加惩处，以赎不孝之罪。

郡守得知此事之后，看他们确有痛改前非之意，不仅没有处罚他们，还表彰了继母李穆姜对丈夫前妻留下的遗孤的慈爱，同时决定免除他们全家应负的徭役，令他们回家好生孝敬母亲。

在继母的精心培养和教育下，六个孩子都深明义理，健康成长，成为了有用的人才。

程文矩前妻的孩子认识到了自己的错误，并且改过自新，才有了后来的建树。然而，在现实生活中，虽然也有很多人有勇气承认自己的错误，却缺乏改过的决心。的确，承认错误只需要几分钟，但改正错误需要花费很长时间，没有毅力是做不到的，虽然勇敢地跨出了第一步，却因无法持之以恒，终究难逃重蹈覆辙的结局。

人的一生难免会犯下这样或那样的错误，问题的关键则在于我们该如何去面对自己的过错。首先是知错，若连错误都不承认，就无法说到下一步，其后果也必定是一错再错。倘若能去正视并且承认自己的过错，然后在此基础上对错误进行改正，那么，错误于我们而言就会成为一笔财富。

俗话说"吃一堑，长一智"，就是在告诉我们犯了错误，要接受教训，在哪里跌倒，就要在哪里爬起来，知错能改便是好样的。

第三章

心学力量
——知行合一,撬动天地

1.不立志,则一事无成

> 志不立,天下无可成之事,虽百工技艺,未有不本于志者。
>
> ——《教条示龙场诸生》

孟子说:"天将降大任于斯人也,必先苦其心志,劳其筋骨,饿其体肤,空乏起身,行拂乱其所为,所以动心忍性,增益其所不能。"自古以来,凡欲做大事者必先立志,志不坚则事必难成。

王阳明作为一代大儒,对立志与人生的关系,有着独到的见解。他说:一个人若是想要做出一番事业,首先要立志,否则就只会一事无成。

不仅如此，即便是各种工匠技艺，也都是靠着坚定的意志才能学成的。

确实如此。人们常说，一个人的理想决定了他的高度。燕雀焉知鸿鹄之志？鸿鹄是要像大鹏那样展翅翱翔于九天之高，尽收天下于眼中的；而燕雀不知道去千万里之远有何用，自然就对能够触及榆树和枋树感到心满意足。

王阳明从小便胸怀大志，要读书做圣贤之人。

有一次，年仅12岁的王阳明在书馆里问他的老师："何为第一等事？"

老师回答说："唯读书登第耳。"

王阳明竟持着怀疑的态度反驳道："登第恐未为第一等事。"

老师反问他什么才是人生的头等大事，王阳明说："读书学圣贤耳。"

王阳明认为登第当状元只是外在的成功，读书做圣贤是追求内在的修养。大人看来，王阳明这样的口气未免有些张狂，和他的年纪一比较，还带着点滑稽可笑的味道。但这崇高的志向对王阳明以后的生活产生了深远的影响，在思考和实践的过程中，他常常以这为标准来回答和解决生活中出现的问题。

只要有了高远的志向，那么，无论想成就什么样事业都有可能，所以立志是十分重要的。

王阳明作为一位洞悉心灵奥秘、响彻古今中外的心学大师，正是在自己志向的带动下才一步一步走向成功的。即便后来受到种种磨难，他也没有放弃。

《传习录》中记录了这样一个故事：

有一天，萧惠向王阳明请教圣人之道。王阳明说："圣人之学很简单，生活中随处可见，你总问我不应该怎样，而不愿听我对生活的感悟。"

萧惠很惭愧,于是向王阳明认错,表示愿意听他说的一切。王阳明说:"你现在所说的并不是你发自内心的,你只是为了敷衍我,还是等你真正立志要做圣人之后再问我吧。"

萧惠不甘心,于是再三地请教。王阳明说:"我已经给你说了,而你还没有领悟到!"

王阳明所说的就是要有一颗真诚的要成为圣人的心。坚定了志向,剩下的就简单得多了。

王阳明的学生应元忠有一个浙江学生,这个学生跟应元忠学习后对有些问题还是不明白,于是,长途跋涉去拜访王阳明,希望能从先生这里得到开解,学习心学。

王阳明问他,从应元忠那里学到了什么。

他回答道:"没有什么特别的,除了每天都告诉我要有成为圣贤的决心,不要放任自流。"

王阳明听他这么一说,觉得学生已经学到圣贤之道的方法,自己没有什么可再教授给他了。

学生觉得自己并不懂圣贤之道,便再三恳求王阳明教他。

王阳明说:"你一个人从浙江过来,路途十分遥远,一路上,你肯定遇到了不少的困难,但你并没有因为旅途未知的坎坷而半途而废,是不是有人强迫你呢?"

学生说:"我因为对一些道理不明白,所以想投身于先生门下学习,虽然路途劳累,十分艰难,但我不觉得辛苦,内心反而无比愉快。旅途中的这点劳苦比起要学的东西实在太渺小了,根本用不着别人来逼迫我!"

听学生这么说,王阳明抚须而笑:"你所说的证明你已经得到了你想要的答案。你有投入到我门下学习的志向,根本不需要任何人告诉你要怎样来,你就越过千山万水,长途跋涉,克服一切困难来到这里。如果你内心想成为一位圣贤,用这种坚持不懈的方法,就能达到。别人能告诉你什么呢？你为了到我这里来，克服重重困难，没有人教给你，但你还是做到了。"

经王阳明这么一说，学生才恍然大悟。

心态对于一个人来说很重要，甚至可以说，心态决定了一个人的成败。

人的一生，既漫长又短暂，既复杂又简单。同时，又受到各方面的牵制，很容易被物质上的东西诱惑，迷失方向，最后一事无成。因此，想要成为一个有能力、有决心、有所成就的人，要怎样做呢？

"大丈夫四海为家"、"好男儿志在四方"，这些俗语都说明了人们对于志向的一种追求。不要隔居于自己狭小的天地之中，做一只井底之蛙，而应该走出去，看看外面的大千世界，去关注天下苍生，站在一个更高的位置去看待世间万物，以一种更广阔的胸怀去面对自己的人生。只要在相信"天生我材必有用"的同时，努力使自己成为有用之才，远大的四方之志终会有实现的一天。

2.目标正确，才能走对路

何廷仁、黄正之、李侯璧、汝中、德洪侍坐，先生顾而言曰："汝辈学问不得长进，只是未立志。"侯璧起而对曰："琰亦愿立志。"先生曰："难说不立，未是必为圣人之志耳。"

——《传习录》

人生当立志，立志要正确。志向对于人生有着重要的影响作用，正确的志向会使人生的道路朝着好的方向发展；若志向错误，人生的道路自然会沿着错误的方向发展。所以，只有树立正确的志向，我们才能朝着好的方向前进，人生才能取得成功。

阳明大师曾经与他的弟子们讨论过"正确立志"这个话题。

何廷仁、黄正之、李侯璧、汝中、德洪侍坐。先生顾而言曰："汝辈学问不得长进，只是未立志。"侯璧起而对曰："琪亦愿立志。"先生曰："难说不立，未是必为圣人之志耳。"

这段话的意思是：有一天，何廷仁、黄正之、李侯璧、汝中、德洪陪着王阳明聊天，王阳明说："你们的学问没有长进，只是因为没有立志。"李侯璧站起来回答说："我也愿意立志。"王阳明说："很难说你没有立志，只不过你立的未必是要做圣人的志向。"阳明大师之所以倡导他的弟子树立做圣人的志向，是因为他认为人生要走对方向，即使以后做不了圣人，也会成为一名贤者。

我们都知道"南辕北辙"这个故事。

战国时期，有个人驾着马车往北走，路人问他去哪，他回答说要去楚国。路人告诉他，要去楚国，应该朝南走。这个人说他的马好，他的车夫技术好，会很快到楚国的。路人就更疑惑了：马跑得越快，车夫的技术越好，岂不是离楚国越远了吗？

这个故事告诉我们，在准备做一件事的时候，一定要慎重地考虑，务必确立一个正确的方向，这样才能充分地发挥自己的潜能；如果方向不对且不知修改，一错再错，那么，潜能就算被激发出来，也只会起到相反的作用。

1993年，李连杰主演的《太极张三丰》在香港上映，因为故事扣人心弦，表演细致入微，武打场面非常火爆，受到了广大市民的欢迎。

在电影故事里，君宝和天宝是少林寺里的一对师兄弟，两个人因为偷学少林功夫而被逐出少林寺。这时，他们遇到了人生道路选择的难题。面对生活的困苦，天宝立志要手握大权，因此甘愿受宦官的玩弄，充当他们的走狗；君宝却因为生性善良忠厚，立志劫富济贫，加入反暴政义士行列。从此以后，两兄弟分道扬镳，各走各路。

天宝成为宦官的走狗后，为了荣华富贵，竟然出卖君宝等义士，并因此而获得宦官的信任，掌握了军权，实现了他的志向。而君宝虽然被兄弟出卖，备受打击，但他在大家的帮助下，反而因祸得福，领悟了太极的真谛。

故事的最后，由于天宝死不悔改，继续迫害忠良，君宝决定替天行道，杀死天宝。天宝由于生性残暴，连他的士兵都背叛了他，最后死在君宝的手里。

被逐出少林寺后，天宝立志名利，君宝立志侠义。人生的志向不同，所走的道路也不同。天宝走上了为宦官效忠、为虎作伥的道路；而君宝则走上了替天行道、劫富济贫的道路。人生的道路不同，最后的结局也不一样：天宝鬼迷心窍，出卖兄弟，残杀同僚，最后落得个失道寡助的下场；而君宝虽然被兄弟出卖，但是他宅心仁厚，受到了大家的欢迎，最后终于领悟太极的真谛，成为一代宗师。

有人说："看其志向，便知其人如何。"每个人的心性和素养都不同，所立下的志向也自然不同。有人反驳说这句话不对，难道一个杀人犯说自己要学做圣人，他的内心就一定是高尚的吗？这句话粗看有理，其实经不住推敲。真正的立志不是随口一说，而是要在实际行动中体现出来的。如果真的立下学做圣人的志向，那么他的所作所为肯定会向圣人靠拢，怎么会去杀人呢？真正的志向给人们指明了人生的道路，人们一定会沿着这条道路前进，即使再苦再累，也有勇气和毅力一路走到底，不达目的决不罢休。

王阳明在很小的时候就树立了学做圣人的志向，他勤于反躬自省，时时发现本心，培养自己的高尚品德。当他被贬谪到贵州的时候，他没有放弃自己，因为他想做圣人，所以有了著名的"龙场悟道"的故事；他抓获了反叛的宁王，功劳却被皇帝抢了去，这时候他没有怨天尤人，因为他想做圣人，圣人怎么会计较这些世俗的名与利呢？"学做圣人"这个志向为王阳明照亮了前进的道路，所以他才能在错综复杂的大明王朝里安全地度过一个又一个难关，完成心学的研究工作，最终成为世人公认的一代大师。

人生在世，无论做什么事，都需要立下一个正确的志向。正确的志向能够带来正确的方向和动力，二者结合，人生才能成功；如果方向偏了，没有动力会犯小错误，动力十足会犯大错误。总之，人生的志向决定了人生的命运。

3.心之所想，力之所及

只念念要存天理，即是立志。能不忘乎此，久则自然心中凝聚。犹道家所谓结圣胎也。此天理之念常存。驯至于美大圣神，亦只从此一念存养扩充去耳。

——《传习录》

王阳明作为宋明道学中"心学"一派的代表人物,强调个人的主体意识和自主精神。他认为,只要心中念念不忘存天理,就是立志。能不忘记这一点,久而久之,心自然会凝聚在天理上,就像道家说的"把凡胎修炼成圣胎"。如此将天理时刻铭记于心,逐渐达到宏大神圣的境界,正是从心中最初的意念不断坚持并发展下去。

"心之所想"虽然只是停留在脑海中的意识,看似虚无缥缈,却有着不可小觑的力量。只有做到王阳明所言的"念念存天理",才能做到心无旁骛、专心致志;倘若心无所思,则难以排除杂念,容易陷入胡思乱想之中。

"心之所想"的力量远不止于此。在奋力追求成功的人生道路上,"想"成功是必不可少的前提条件。缺少这份"心之所想"的动力,抑或受外界干扰而无法将之坚持到底,则难以发挥潜在的能力,难以超越自我,挑战极限。

明朝后期是中国古代科学技术史上最灿烂辉煌的一段时期。此时出现了一位伟大的地理学家、探险家——徐霞客。

徐霞客自幼聪明好学,喜欢读历史、地理、游记之类的书籍,立志成人之后遍游国家的大好山川。但父亲去世后,老母无人照顾,徐霞客的游览计划被打断,终日闷闷不乐。母亲看出了他的心思,对他说:"男儿志在四方,哪能为我留在家里。"在母亲的支持下,徐霞客辞别母亲,游历他乡。

徐霞客先后游历了太湖、洞庭湖、天台山、雁荡山、泰山、武夷山和北方的五台山、恒山等名胜,并且记录下了各地的奇风异俗和游历中的惊险情景。

几年后,徐母去世,徐霞客便把他的全部精力放在了游历考察事业上。他跋山涉水,到过许多人迹罕至的地方,攀登悬崖峭壁,考察奇峰异洞。

在湖南茶陵,徐霞客听说这里有个深不可测的麻叶洞,便决心去探访。可当地人说洞里有神龙和妖精,没有法术的人不能进去。刚走到洞口，向导得知徐霞客不会法术，就吓得逃走了。徐霞客毫不动摇，独自手持火把进洞探险。当他游完岩洞出来的时候，等候在洞外的当地群众纷纷向他鞠躬跪拜，把他看成是有大法术的神人。

徐霞客白天进行实地考察，晚上就借着篝火记录当天的见闻。30多年里，他走遍了大江南北，对曾走过的地方之地理、地质、地貌、水文、气候、植物做了深入细致的调查研究，并用日记体裁进行详细、科学的记录。就是在这种环境中，他写下了闻名世界的《徐霞客游记》。

很多人虽然都心有所想，却很少有人为了愿望而坚持不懈地努力下去，也很少有人为了一个目标而坚定地执行下去，因为总是会有各种各样来自外界的干扰。

我们每个人都向往成功，但心有所想的同时需要排除外界的干扰，并在心里不断地提醒自己，不断地想着朝目标前进。虽然当我们想着"下次考试提高二十分""六个月减肥十公斤""五年后就要买房子"的时候，自己都不太相信，因为身边已经有无数多的人这么想，却同样有无数多的人无法实现。倘若就这样气馁了，放弃了，那我们距离成功只会越来越遥远。只有时刻保持着"想要"的念头，才能彻底抛开所有阻挠它实现的因素。最后你会发现，所有的"我想"，都变成了"我要""我一定"。想都不敢想的事情，未必就是我们无法做到的事情。大胆地坚持心之所想，方知自己的潜力有多大。

正如放风筝，风筝能飞多远，取决于手中的线有多长。如果线断了，再好的风筝也飞不起来。我们想要成功的心，就是牵着风筝的线，不要让线在风筝飞上云端之前断掉，更不要在"心想事成"之前放弃最初的念想。

成功不仅需要奋力拼搏，更需要一份坚持不懈的动力支持。坚持心之所想，最终必将变成力之所及。

4.切莫好高骛远害了自己

后儒不明圣学。不知就自己心地良知良能上体认扩充，却去求知其所不知，求能其所不能。一味只是希高慕大。不知自己是桀祸心地，动辄要做尧舜事业，如何做得？终年碌碌，至于老死。竟不知成就了个甚么。可哀也已！

——《传习录》

在王阳明看来，后世儒生大多不明白圣人的学说，不知道在自己内心良知良能上去体察扩充，反而去追求自己不了解的事物，去做自己不能做、做不好的事情，一味地好高骛远、爱慕虚荣。这就好像一个人不知道自己有桀、纣的心地，却动不动要做尧、舜的事业，这怎么可能呢？这样的结果只能是一年到头忙忙碌碌直到老死，却不知道干了什么，这样的人真是可怜啊！

这其实是在告诫人们要有自知之明，在确立人生方向时不好高骛远，而要量力而行，才不至于招致失败。

许多人在确定人生志向时给自己定了异常远大、不切实际的目标，结果行动起来寸步难行。要知道，每个人都有自己的极限，超过极限的事情是难以做成的。

有一位大师隐居于山林中，平时除了参禅悟道之外，还对武术颇有研究。

听到他的名声，人们都千里迢迢来寻找他，想跟他学些武术方面的窍门。

他们到达深山的时候，发现大师正从山谷里挑水。他挑得不多，两只木桶里的水都没有装满。按他们的想象，大师应该能够挑很大的桶，而且桶里都装满了水。

他们不解地问："大师，这是什么道理？"

大师说："挑水之道并不在于挑多，而在于挑得够用。一味贪多，适得其反。"

众人越发不解。

大师从他们中拉了一个人，让他重新从山谷里打两桶水，而且桶要装满。那人挑得非常吃力，摇摇晃晃，没走几步就跌倒在地，水全都洒了，那人的膝盖也摔破了。

"水洒了，岂不是还得回头重打一桶？膝盖破了，走路艰难，岂不是比刚才挑得还要少？"大师说。

"那么大师，请问具体挑多少，怎么估计呢？"

大师笑道："你们看这个桶。"众人看去，桶里画了一条线。

大师说："这条线是底线，水绝对不能高于这条线，高于这条线就超过了自己的能力和需要。起初还需要画一条线，挑的次数多了，以后就不用看那条线了，凭感觉就知道是多是少。这条线可以提醒我们，凡事要量力而行，而不要好高骛远。"

众人又问："那么底线应该定多低呢？"

大师说："一般来说，越低越好，因为低的目标容易实现，人的勇气不容易受到挫伤，还会由此培养起更大的兴趣和热情，长此以往，循序渐进，自然会挑得更多、挑得更稳。"

挑水如同武术，武术如同做人，循序渐进，逐步实现目标，才能避免许多无谓的挫折。

生活中，有许多人就像上文中那个打了两满桶水的人一样喜欢好高骛远，这种人过于急功近利，最后往往很难达到自己的目的。

人生有许多成长发展的阶段，必须量力而行以做到循序渐进。小孩子先学会翻身、坐立、爬行，然后才学会走路、跑步。每一步都十分重要，而且需要时间，没有一步可以省略。同样，人生的各个层面，小到学钢琴，或是与同事相处；大至个人、家庭、婚姻与社会上的种种，莫不如此。了解了这一原则，才能少受挫折，最大限度地去实现自我价值。

道理固然简单明了，但人们未必能够真正地理解和贯彻到自己的人生中去。梦想成功，才华获得赏识，能力获得肯定，拥有名誉、地位、财富，这几乎是每个人的梦想，但遗憾的是，真正能做到的人总是少数。因为他们没有量力而行，总是在经意或不经意之间陷进了好高骛远的泥潭里。

人生如秤，对自己的评价轻了容易自卑，重了则容易自大，只有把握准确，才能实事求是、恰如其分地感知自我。因此，我们在确定人生方向的时候，要时刻掂量自己，不要过高估计自己的德行和力量，不可好高骛远。量力而行，才能选对方向，获得成功。

5.意志力是你奋斗的血液

善念发而知之，而充之；恶念发而知之，而遏之。知与充之遏者，志也，天聪明也。圣人只有此，学者当存此。

——《传习录》

你所认可的成功,可能是耗尽你一生的事情。即使某一天你达到了自己想象的样子,仍然会有另一个成功在召唤着你,你永远不会满足。这样说来,对于一个积极的人来说,成功的道路确实是漫漫无涯了!这其中的风风雨雨、酸甜苦辣只有自己了解。别人为你分担的也只有那么一点点而已,谁都替代不了你的角色,你需要一个坚强的自我!

一个人是否具有意志力,表现为他是否能够坚持不懈地去做一件事。其实,每个人的一生面临的机遇都是差不多的,最终谁能取得成功,关键还要看谁的意志力更强,能坚持到最后。

一个人,立下志向要成就一番事业,若能花精力磨炼自己的意志力,他的人生就会出现转机,突破自己,进入更高的境界,让心灵也提升到一定的高度,从而把潜藏于体内的智慧、能力、天赋全都释放出来。

明朝儒学大师陈献章,自幼聪慧过人,读书过目不忘,但两次参加科举考试都落第了,27岁时,他发愤学习,拜当时名重一时的大儒吴与弼先生为师。

陈献章虽然很有才华,但不够勤奋,早晨常常贪睡不起。

吴与弼先生治学严谨,对学生要求相当严格,每当陈献章不愿起床时,他就会在门外大叫:"读书人!你现在如此懒惰,什么时候才能学到前辈大师的精髓,将他们的思想发扬光大?!"

将陈献章从舒服的床上叫起来后,吴与弼并不急于给他讲授各种学问,而是通过各种杂事来磨炼他,如挖地、簸谷、割禾、种菜、编扎篱笆等,自己写字的时候,就让他研墨,有客人来时,则令他接待沏茶。这样过了几个月,就让陈献章回去了。

刚开始时,陈献章对这种独特的教学法感到失望,觉得在老师那里,除了学会干一些农活杂事之外,什么也没学到。回乡之后,他静静地思索在老师那里求学的经历,想起了这样一件事:一天在田里割禾时,老师不小心被镰刀割伤了手指，十指连心，自然非常疼痛，老师却说："人怎么能够被外物所胜呢？"竟然面不变色、若无其事地继续割禾。

陈献章终于恍然大悟，体会到了吴与弼先生的良苦用心，原来老师这是在身体力行，用自己的实际行动来教育学生要有过于常人的人格和意志，不要受制于任何外物之下。自己平时自恃聪明过人，不愿痛下苦功，这不正是自己最大的弱点吗？而老师早已洞察到了自己的毛病，对症下药，从各种小事入手来提升自己的意志力。

自此，陈献章开始真正地勤奋治学。他闭门读书，足不出户一年有余，精益求精地穷研古今典籍，有时钻研一个问题到了关键时刻彻夜不寝，实在困倦了则用凉水浸泡双足，以刺激自己清醒起来。他还自筑阳春台，整日静坐其中，潜心学习思考。他用功到如此地步，以致家人只能从墙壁挖一个洞把食物递进去。

陈献章以过人的意志力，一心修身治学，就这样坚持了数年，终于有悟，成为了明代著名的哲学家、思想家、教育家、诗人及书法家，桃李满天下，更开启了明朝一代的心学新风。

后人评价说："先生（陈献章）之学，激励奋发之功多得之康斋（吴与弼）。"陈献章尽管聪明多才，智商高，记忆力好，但聪明的人往往容易去找捷径，不肯下苦功去做学问。如果没有吴与弼先生用各种农活杂役来磨炼他的意志，使他从此痛改前非、发愤努力，他能否成就那么大的学问还是个问题。

想要克服成功路上遇到的每一个障碍，离不开意志力；想要坚定地执行每一个艰难的决定，所依靠的依然是内心的力量。培养坚强的意志，是你自救的最有效的办法。意志力不是生来就有的，也不是不可能改变的特性，它是一种能够培养和发展的技能，是成功者必备的特质之一。

平定南中后，诸葛亮加紧训练兵马，强化武装力量，准备北伐。公元226年，魏文帝曹丕病死，其子曹睿初继帝位。诸葛亮抓住大好时机，于第二年春天率领大军开往汉中一带，准备北伐。

公元228年春，诸葛亮开始北伐，他决定先取陇右，再下关中。为了迷惑魏军，他采取声东击西的策略，声称要从斜谷出兵攻打郿城，并派赵云、邓芝带一队兵马作为疑兵，进据斜谷道，佯做一副要攻取郿城的样子。诸葛亮则暗中亲率大队人马，突然偷袭魏军据守的祁山。蜀军经过几年时间的养精蓄锐，兵强将勇，战阵整齐，号令严明，锐气很盛，所到之处，势如破竹，一举攻下了祁山。祁山以北由曹魏所属天水、南安、安定三郡守军，相继俯首投降。诸葛亮在冀县一带收降了后来成为西蜀名将的姜维，但整体的战略却因为马谡丢失街亭而失败。

公元228年冬天，曹魏大将曹休被东吴鄱阳太守周鲂行使假降计打得大败。魏军主力大部分被吸引东下，救助曹休，使得关中空虚。诸葛亮乘此时机，又亲率大军杀出散关，包围了陈仓。陈仓地势险要，易守难攻，是古来兵家必争之地。陈仓守将郝昭很有谋略，魏蜀两国士兵激战了20多天，蜀军粮草将尽，又探得曹魏救兵也将赶到，诸葛亮只好下令退兵。魏国将军王双恃勇轻敌，领兵穷追，被诸葛亮设伏斩杀。蜀军退兵回到汉中。

公元229年春，诸葛亮第三次北伐。鉴于前两次远攻失利，诸葛亮这次采取了近取固本的方案。他派部将陈式进兵攻取武都、阴平二郡，亲统大军继后，率军西上，以策应陈式。当魏国雍州刺史郭淮从陇西起兵进攻陈式时，诸葛亮大军突然兵临建成，惊走了郭淮，攻取了二郡。诸葛亮留兵驻守，又对当地民众做了一番安抚工作，然后收兵返归汉中。自此，武都、阴平二郡正式纳入蜀汉版图。

公元231年春天，诸葛亮第四次北伐。他命李严往汉中督办粮草，供应前方，自己亲率大军北攻，团团包围了魏军固守的祁山。魏主曹睿得讯,立即派司马懿率大军火速去救。诸葛亮听后,果断地留下王平带部分精锐军马继续攻打祁山,而自己则亲率蜀军主力迎战。

两军在上邦遭遇,蜀军击败了魏军,趁势命3万精兵把陇上小麦割完,运到卤城打晒。司马懿与副都督郭淮议定,发兵两路攻打在卤城打晒麦子的蜀军。魏军乘夜来到卤城下,把城围得如铁桶一般。准备就绪后,司马懿传令攻城,岂知诸葛亮早有防备,一时间,城上万弩齐发,矢石如雨,魏军不敢前进。正在这时,四面火光冲天、喊声震天,四路伏兵一齐杀来。卤城四门大开,城内蜀军杀出,里应外合,大败魏军。司马懿引败军奋力杀出重围,占领了一座山头。郭淮也领着败兵到山后扎营,坚守不出,与蜀军遥遥相对,以期蜀军粮尽后再去攻打。与此同时,司马懿一面令郭淮去偷袭剑阁,切断蜀军粮道;一面发檄文星夜往雍、凉两州调拨人马。岂知诸葛亮已先派重兵把守剑阁。郭淮见蜀军有准备,只好退兵。

虽然诸葛亮北伐中原最后失败了,演出了"出师未捷身先死,长使英雄泪满襟"的历史悲剧,但几次北伐证明了诸葛亮是个意志力很强的人,而他留给世人的那篇饱含真情的《出师表》,除了酣畅淋漓地倾诉了自己对蜀国的忠臣之情,还充分表达了他北伐中原、统一汉室的超强意志力。

意志力是你奋斗的血液,没有坚强的意志,你会觉得瘫软无力、萎靡不振。所以,从今天起,磨炼自己的意志吧,认清每次挫折对你成功的意义,不仅要扫清这些障碍,更要真正地利用它们。拥有坚强的意志,就像为你的企图心加上了翅膀,使你在旭日的彩霞中熠熠生辉,翱翔在成功的征途上。

6.说一尺,不如行一寸

知是行的主意,行是知的功夫;知是行之始,行是知之成。

——《传习录》

王阳明认为,一个人心里有了一个想法,这就是行动的念头萌生了,而一个人切切实实地行动,就是使这个想法得到实现的功夫。所以说,产生去做一件事的念头,就是行的开始,而笃实一贯、不达目的决不罢休的行动,则是实现理想的保证。

有的人在一生中有很多理想,抱负很大,却在现实生活中屡屡碰壁,郁郁不得志,只得在那里抱怨自己怀才不遇;有的人整天东奔西跑,看似忙忙碌碌,但也没有做出什么成绩来,最后也是一事无成。在王阳明看来,这些人会有那样的结局,就是因为"知而不能行"的缘故。

那么,什么才算是知而能行乃至知行合一的境界呢?

与理论认识相比,一个人的行动能力十分重要。所谓"非行无以成",任何一件事要想做成功,都要付诸于行动。如果不采取行动,哪怕你有再远大的理想、再出色的能力、再丰富的知识,也无法实现自己的人生价值。

可以说,一个人在现实生活中,不论是做任何事,如果没有达到预定的目标,很大程度上是因为他没有采取足够的行动。

3个旅行者徒步穿越喜马拉雅山,他们一边走一边谈论一堂励志课上讲到的凡事必须付诸实践的重要性。他们谈得津津有味,以至于没有意识到天已经晚,等到饥饿时,才发现仅有的一点食物就是一块面包。

这几位虔诚的教徒决定不讨论谁该吃这块面包的问题，他们要把这个问题交给老天来决定。这个晚上，他们在祈祷声中入睡，希望老天能发一个信号过来，指示谁能享用这份食物。

第二天早晨，3个人在太阳升起时醒来，又在一起谈开了。

"我做了一个梦，"第一个旅行者说，"梦中我到了一个从未去过的地方，享受了我有生以来一直孜孜以求而从未得到的难得的平静与和谐。在那个乐园里，一个长着长长胡须的智者对我说：'你是我选择的人，你从不追求快乐，总是否定一切，为了证明我对你的支持，我想让你去品尝这块面包。'"

"真奇怪，"第二个旅行者说，"在我的梦里，我看到了自己神圣的过去和光辉的未来。当我凝视这即将到来的美好时，一个智者出现在我面前，说：'你比你的朋友更需要食物，因为你要领导许多人，需要力量和能量。'"

然后，第三个旅行者说："在我的梦里，我什么都没有看见，哪儿也没有去，也没有看见智者。但是，在夜晚的某个时候，我突然醒来，吃掉了这块面包。"

其他两位听后非常愤怒："为什么你在做出这项自私的决定时不叫醒我们呢？"

"我怎么能做到？你们俩都走得那么远，找到了大师，又发现了如此神圣的东西。昨天我们还在讨论励志课上学到的要采取行动的重要性呢。只是对我来说，老天的行动太快了，在我饿得要死时及时叫醒了我！"

这个故事说明了一个简单的道理：心中认定的事就要马上去做，否则受到外界的影响，内心有了种种顾虑后，行动能力就会大大减弱，甚至可能取消初衷。

"说得一尺不如行得一寸"，拥有再大的理想，如果不在行动中去实现它，也只能是空中楼阁。如你想去游历天下，与其做大量的准备工作，不如拿出勇气，以实际行动去追求它，锲而不舍，哪怕是凭借一根拐杖、一个饭钵，一路讨饭也能实现自己的理想。

四川某个边远地区有两个和尚，一个穷，一个富。

有一天，穷和尚对富和尚说："我准备到南海去，你看怎么样？"

南海在浙江的普陀山，路途十分遥远。

富和尚问："你依靠什么去呢？"

穷和尚回答道："我准备一个水瓶和一个饭碗就足够了。"

富和尚不由得哈哈大笑："多年来，我一直想买一条船去南海，到现在都还没去成。你就凭借这两样东西，怎么能够去呢？"

在他看来，穷和尚只靠一个瓶子和一只碗，一路乞讨，步行去南海，根本是不可能的事。

没想到的是，第二年，穷和尚居然从南海朝拜佛教圣地回来了，把自己此行的见闻告诉了富和尚。富和尚面色通红，惭愧不已。

从四川的边远地区到浙江的南海，路途不知有几千里远，资产雄厚、拥有那时的先进交通工具的富和尚都没去成，而穷和尚仅凭一瓶一碗、一路化缘就完成了南海之旅。这说明，要做成一件事，外在环境并不是关键条件，前提在于我们能否马上采取行动。只要脚踏实地，一步一个脚印地向目标迈进，就有成功的可能。

可以说，阻碍我们采取行动的不是表面的物质条件和环境，而是我们内心的软弱与妥协。只要肯下功夫去做，难事也会变得很容易。

行动与勤奋是实现梦想的唯一途径，如果你想获得成功，最有效的方法就是用行动去创造机会。在行动的同时，我们还要拿出十足的干劲，去争取每一次机会，只有这样，我们才能在这个到处充满竞争的时代里，找到我们的一席之地。

7.着眼于当下，而不是妄图将来

先生曰："吾与诸公讲'致知''格物'，日日是此，讲一二十年俱是如此。诸君听吾言，实去用功，见吾讲一番，自觉长进一番；否则只作一场空话说，虽听之一同用。"

——《传习录》

王阳明先生说："我与诸位讲致知、格物，天天都是这个观点，讲了一二十年还是这个观点，诸位听进了我的学说，扎实去用功。那么，每次再听我讲就会觉得自己又有了长进。否则的话，听了一百次也不过是相当于听一次罢了。"

"千里之行，始于足下"，没有行动，不扎实用功，就算听一百次也不过相当于听一次，王阳明指出一定要"活在当下"，有了想法就要去行动。

所谓"当下"，就是现在正在做的事，现在所处的环境，现在遇到的人。"活在当下"就是要把关注的焦点集中在这些人、事、物上面，全心全意地认真去接纳、品尝、投入和体验这一切。活在当下是一种全身心地投入生活的人生态度。当你活在当下，而没有过去拖你的后腿，也没有未来拉着你往前时，你全部的能力都集中在这一刻，生命也将因此更具有张力。

"当下"之所以如此重要，因为它是千里之行的起点。人生漫漫长路，只从当下开始，无论是过去的还是即将到来的，都不如当下的一切来得真切、实在。王阳明说："我辈致良知，是各随分限所及，今日良知见在如此，只随今日所知扩充到底，明日良知又有开悟，便从明日良知扩充到底，如此方是精一功夫。"意思是说，我们致良知，因各人的差异而达到不同的程度。今天到达这样的程度，就根据今天所能理解的扩充下去，明天又有了新的理解，便从明天理解的扩充下去，这才是专注于一个目标的功夫。王阳明认为，初学者对于修身养性的功夫，应当循序渐进，着眼于当下，而不是妄图将来。

活在当下，意味着要抛开往事的牵绊。人活一世，不可能不做错事，也不可能完美无缺。关键是要能够接受遗憾。倘若一味沉浸在过往的痛苦或对完美的觊觎之中，就会难以关注当下的一切，更难以开启未来之门。

在古时候，有户人家有两个儿子。当两兄弟都成年以后，他们的父亲把他们叫到面前说："在群山深处有绝世美玉，你们都成年了，应该做探险家，去寻求那绝世之宝，找不到就不要回来。"

两兄弟次日就离家出发去了山中。

大哥是一个注重实际而不好高骛远的人。无论是残缺的玉还是成色一般的玉，抑或是奇异的石头，只要他发现了，就会将其收入囊中。过了几年，到了他和弟弟约定的汇合回家的时间。此时，他的行囊已经装满了，尽管没有父亲所说的绝世美玉，但造型各异、成色不等的众多玉石，在他看来也可以令父亲满意了。甚至那些酷似各种动物树木的奇石，在他看来也是不可多得的珍宝。

等了一会儿，弟弟来了，只见他两手空空，一无所得。弟弟说，他一直未找到父亲所描述的绝世美玉。

弟弟看了哥哥的所获后说："你这些东西都不过是一般的珍宝，不是父亲要我们找的绝世珍品，拿回去父亲也不会满意的。父亲说过，找不到绝世珍宝就不能回家，我要继续去更远更险的山中探寻，我一定要找到绝世美玉。"

哥哥带着他的东西回到了家中，并向父亲转达了弟弟的话。父亲说：

"你弟弟不会回来了。他是一个不合格的探险家。他如果幸运，能中途醒悟，明白至美是不存在的，那就是他的福气；如果他不能早悟，便只能以付出一生为代价了。"接着，父亲又对哥哥说："你可以开一个玉石馆和一个奇石馆，那些玉石稍一加工，都是稀世之品，那些奇石也是一笔巨大的财富。"

短短几年，哥哥的玉石馆已经享誉八方，他寻找的玉石之中，有一块经过加工成为了不可多得的美玉，被国王御用作了传国玉玺，哥哥也因此成了倾城之富。

很多年以后，父亲病得奄奄一息，哥哥说要派人去寻找弟弟。父亲拦住了他："不要去找。如果经过了这么长的时间和挫折都不能顿悟，这样的人即便回来，又能做成什么事情呢？世间没有纯美的玉，没有完善的人，没有绝对的事物，为追求这种东西而耗费生命的人，何其愚蠢啊！"

弟弟不懂欣赏，不懂抓住当下，因此失去了本该收获的美好。其实，世界并不完美，人生一定会有遗憾。对于我们来说，不完美是客观存在的，怨天尤人并不能改变什么。

活在当下，意味着要踏踏实实地努力于眼前的事情，把握眼前的时机，而不是寄希望于明天，寄希望于一个新的开始。无论人生的目标有多么明确，未来总是充满了诸多未知因素，足以令计划赶不上变化。如果我们时时刻刻都将力气耗费在未知的未来，却对眼前的一切视若无睹，那就永远也找不到通往未来的道路。我们的努力只有从现在开始，才有可能获得成功。

昨天是作废的支票，明天是一张期票。千里之行始于当下，有志之人，必当从现在做起，日积月累，为实现伟大的理想奠定坚实的基础。而那些连今天都把握不住的人，谈何未来！

8.不忙不乱，不骄不躁

天地气机，元无一息之停。然有个主宰，故不先不后，不急不缓，虽千变万化，而主宰常定，人得此而生。若主宰定时，与天运一般不息，虽酬酢万变，常是从容自在，所谓"天君泰然，百体从令"。若无主宰，便只是这气奔放，如何不忙？

——《传习录》

忙碌是现代社会中大多数人的一种生活状态，不幸的是，与身体的操劳相伴随而来的，还有内心的忙乱急躁、焦虑不堪。所谓"身之主宰便是心"，倘若在忙碌的生活中不能给内心留一分悠闲，而使其深受烦恼与担忧所累，便更难在为人处世之时做到游刃有余、潇洒自在。

《传习录》中有这样一段记载：

崇一问："寻常意思多忙，有事固忙，无事亦忙，何也？"

先生曰："天地气机，元无一息之停；然有个主宰，故不先不后，不急不缓，虽千变万化，而主宰常定：人得此而生。若主宰定时，与天运一般不息，虽酬酢万变，常是从容自在，所谓'天君泰然，百体从令'。若无主宰，便只是这气奔放，如何不忙？"

欧阳崇一问："平时意念思想常常很忙乱，有事的时候固然会忙，无事的时候也忙，这是为什么呢？"

王阳明回答说："世间万物的变化本来就没有瞬息的停止。然而有了一个主宰之后,变化就会有所依据,有秩序可言,虽然千变万化,但主宰的却是一成不变,人有了这个主宰才能在瞬息万变的人世间生存。如果主宰恒定不变,就像天地运行一样永不停息,即使日理万机,却也从容自在,这就是所谓的'天君泰然,百体从令'。若没有主宰,便只有气在四处奔流,怎么会不忙呢?"

由此可知,要做到"虽酬酢万变,常是从容自在",便要有一颗不忙不乱、不焦不躁的"主宰"之心。具体到人们的日常生活、工作中,就是要用心去体悟繁杂中的快乐,学会用一颗平静的心去享受忙碌的价值。

现实当中有很多人,为了功名利禄而盲目地工作,以此来填充自己的人生。工作带来的种种压力不断侵蚀着内心的安宁,让人倍感焦灼,于是渐渐地,人的身心就会陷入一种莫名的慌乱之中,完全理不清头绪。此时,唯有让内心闲下来,静下来,才能转变观念,学会把工作当成一种快乐的享受,而不仅仅是赚取金钱、谋取地位的工具,如此才不至于将人生变成炼狱。

将自己的心放到天地间,去体悟自我的渺小与天地的广大。与由人所构成的社会相比,包容天地万物的大自然更能令人身心舒畅,自然可以开启人的心灵,陶冶人的情操,将自己的内心倾向自然,正如"智者乐水,仁者乐山"。当我们走进自然的怀抱,沐浴春风与阳光,尽览山河之宽广与博大,便会明白,那些长期困扰我们的身外之物,皆由一颗远离自然的心而起。当我们身处自然之中,便能够亲身感受大自然的博大胸襟,感受到万物的和谐共处,从而在大自然的安逸与恬静中把握心中那份从容与自在。

忙碌的生活虽然令人身心疲惫,但也可以充满乐趣,成为一门令人身心愉悦的艺术。关键在于你是否能够放慢心的脚步,让你的心松口气。正如攀登高山,若一心只想着登上顶峰,难免疲惫不堪;但若能静下心来,欣赏沿途赏心悦目的风光,那将是一种别样的感受。

人的内心既是一方广袤的天空,能够包容世间的一切,也是一片宁静的湖面,偶尔也会泛起阵阵涟漪,更是一片皑皑雪原,辉映出一个缤纷的世界。纵然世间的纷纷扰扰难以平息,生活的智者总能在心中留一江春水,淘洗忙碌的身躯,以一颗闲静淡泊之心,看庭前花开花落,望天上云卷云舒。

第四章

心学管理
——不困于心，不乱于行

1.最大的敌人就是你自己

　　澄问："有人夜怕鬼者，奈何？"

　　先生曰："只是平时不能集义，而心有所慊，故怕。若素行合于神明，何怕之有？"

　　子莘曰："正直之鬼，不须怕；恐邪鬼不管人善恶，故未免怕。"

　　先生曰："岂有邪鬼能迷正人乎？只此一怕，即是心邪，故有迷之者，非鬼迷也，心自迷耳。如人好色，即是色鬼迷；好货，即是货鬼迷；怒所不当怒，是怒鬼迷；惧所不当惧，是惧鬼迷也。"

——《传习录》

陆澄问：“有人夜间怕鬼，怎么办？”

王阳明说：“只是因为内心平时不能积德，内心有所欠缺，所以害怕。如果平时的行为不违背神明，还怕什么呢？”

马子莘说：“正直的鬼不可怕，但邪恶的鬼不理会人的善恶，所以难免有些害怕。”

王阳明说：“邪恶的鬼怎能迷惑正直的人？由于这一怕就是心邪，所以才被迷惑。不是鬼迷惑了人，而是自己的心被迷惑了。比如，人好色，就是色鬼迷；贪财，就是财鬼迷；不该发怒却发怒，是怒鬼迷；不该怕的却害怕，是惧鬼迷。”

其实，许多人之所以容易受到外界的影响，就是因为心不正，被各种物欲牵缠住了。如果我们的心光明正大、坦坦荡荡，那么，即使经历再困难的环境，面对再大的压力，它们也奈何不了我们。

齐桓公在草泽中打猎，管仲替他驾着马车，突然间，桓公感到精神恍惚，好像见到了鬼。他很害怕，赶紧拉住管仲的手说：“仲父，你见到了什么？”管仲有点奇怪地看着他，回答道：“我没有见到什么。”

桓公打猎回来，在草泽中看见鬼这个念头始终困扰着他，导致他抑郁成疾，精神十分疲惫，好几天出不了门。

齐国有个皇子叫告敖，他听说了这件事后，便自告奋勇地进宫来，开导齐桓公说：“你是自己伤害了自己，鬼怎么能伤害你呢？身体内部郁结着气，精魂就会离散而不返归于身，对于来自外界的骚扰也就缺乏足够的精神力量。郁结着的气上通而不能下达，就会使人易怒；下达而不能上通，就会使人健忘；不上通又不下达，郁结内心而不离散，那就会生病。”

桓公听了这一番大道理，心中将信将疑，问：“那么，世上到底有没有鬼呢？”

告敖回答说：“有。水中污泥里有叫履的鬼，灶里有叫髻的鬼。门户内的各种烦攘，名叫雷霆的鬼在处置；东北的墙下，名叫倍阿鲑蠪的鬼在跳跃；西北方的墙下，有洪阳鬼住在那里。水里有水鬼罔象，丘陵里有山鬼峷，大山里有山鬼夔，郊野里有野鬼彷徨，草泽里还有一种名叫委蛇的鬼。"

桓公就是在草泽中看到的"鬼"，听到这里，他来了兴趣："请问，委蛇的形状怎么样？"

告敖早就从桓公身边的人了解到他所遇见的"鬼"的形象，这时便不假思索地回答道："委蛇，身躯大如车轮，长如车辕，穿着紫衣戴着红帽。他作为鬼神，最讨厌听到雷车的声音，一听见就两手捧着头站着，见到他的人以后都会成为霸主。"

桓公听了后开怀大笑，说："这就是我所见到的鬼。"于是整理好衣帽跟皇子告敖坐着谈话，不到一天时间，病就不知不觉地好了。

从这个故事中我们可以知道，真正伤害我们的其实就是我们消极的心理，越是不积极面对生活，就会越恐惧生活。只要将消极心理转变为积极心理，外界所有的不良影响都不会对我们产生作用。

我们每一个人都会不时地遇到一些磕磕绊绊，无法控制一些悲惨事情的发生，有消极情绪在所难免，。但是，我们能控制自己的内心，只要从容淡定地观察事件的另一面，总有一些积极的因素等待我们的挖掘和认识。这么做，其实就是在增强自己的心气。

一个人如果心虚神弱，负面的情绪便会乘虚而入，扰乱原本积极的心态和情绪。所以，想要保持积极的心态就得具备充沛的心气和健旺的精神，这样才能抛开由逆境挫折带来的负面情绪。

孟子倡导养"浩然之气"，说的也正是"增加心气"的道理。孟子认为，当我们将"心气"培养到"至大至刚"时，则"充塞乎天地"。这时，我们便能淡然面对事物，不受外界的任何影响和干扰，此所谓"我心自由主宰"。当心气修炼到这般境，便能做到孟子所说的"富贵不能淫，贫贱不能移，威武不能屈"。

那么，我们应该怎么做，才能培养这种"浩然之气"呢？

这里，我们要谈到"集义"之道。

所谓"集义"，就是要把握心气的发生。我们在欣赏画作、诗词，游览山间、水流，谈论远古、今朝时，都会有一些感悟和感慨。这是我们对这些美好事物的赞叹，能让我们心神恬静、身心愉快。每每这时，便是心气的发生。这时，我们应该把握和记住这美好时刻，细细品味，永刻脑海，并返观内心，让美好的心情扩充自己，进而顺势"集义"。

我们在平常接人待物时，也应该让心灵和行为都保持坦坦荡荡，不要做有愧良知的事。这样，我们的心自会光明磊落，没有任何负担。"行有不慊"说的就是这个道理。

若是做到了"行有不慊"，心气自然不馁。以前的你，在遇到挫折和逆境时，会不由自主地产生消极心理，并毫无反抗地任凭负面情绪影响；而现在的你，在领略了心气能阻止消极情绪进入心灵之后，外界所带来的负面东西将不会影响你的正能量，自然也就伤害不了你。

古代，一位做了将军的父亲，看到儿子生性懦弱，难有出息，便想出一个激励他勇气的办法来。

一次战斗前，父亲拿出一支箭，神情肃穆庄重地对儿子说："此乃祖传神箭，拥有它的人都神勇无比，无人能敌。"

果然，配戴上那支箭后，儿子变得非常勇敢，奋勇当先，所向披靡。

大胜归来后，儿子禁不住好奇心，拔出那支箭，想看看它是怎样的一支神箭。一看之下，他却惊呆了，原来这是一支折断了的箭。顿时，儿子的信念崩塌了：这根本就不是什么神箭，怎么能够保佑自己呢？

后来的战斗中，失去意志支柱的儿子也失去了勇气和力量，战败身死。

找到阵亡的儿子，父亲拣起那支断箭，拂拭掉上面的灰尘，沉痛地摇摇头说:"不相信自己的意志,永远也做不成将军。"

可以说,在人生中,最大的敌人就是自己。只有提升自己的心灵,从根本上增强自己的素质,让内心的浮躁情绪平静下来,我们才能经得起各种险恶环境的考验,在关键时刻才能经受住巨大的压力,发挥出自己的潜力。

当你不断地培养你的心气,使内心不断充实起来的时候,你就很容易发现事物积极的一面,将消极情绪缩减至最小,甚至是忽略掉负面事物。如此一来,你便能战胜任何负面的东西,超越以前的"自我",轻松自在地生活,让自己越来越有信心,从而激发出更大的能量。

2.静察己过,勿论人非

是非之悬绝,所争毫厘耳。

——《静心录》

有一个朋友经常因为生气而指责别人。王阳明告诫他说:"人要自省,若老是去指责别人,看到的只能是别人的错误,而不是自己的缺点。返身自省,才能看到自己的不足之处,如此,也就不会去指责别人了。实实在在地用功,自己就不会被这些是是非非累垮。"

议论他人是非并不是一个好的行为方式,古人曾告诫世人:"时时检点自己且不暇,岂有功夫检点他人。"圣人孔子也曾说过:"躬自厚而薄则于人。"意思无非是，在静查己过的同时勿论人非。

"静坐常思自己过，闲谈莫论他人非。"这是古人修身的名言，告诫人们要常怀自省之心，检讨自己的过失，闲谈之时，不要谈论他人是非。提高品德修养，常怀宽阔胸襟，严于律己，宽以待人，这对于个人修身确实重要。

南宋末年有一个年轻人名叫许衡，因聪明勤奋而在当地颇为知名。

一次，许衡独自赶路，当时正是炎热的夏天，烈日像火球一样炙烤着大地。许衡由于长时间赶路而汗流浃背，口干舌燥。走着走着，他遇到了几个商贩在一棵大树下乘凉，那帮商贩也都又热又渴，但却没有水。

这时，远处走来一个人，他怀里捧着一堆梨子说："前面有梨树，大家快去摘来解渴。"商贩们一听，赶忙收拾东西去摘梨，许衡却没动。

有个商贩奇怪地问："你为什么不去摘梨呢？"

许衡问道："梨树的主人在吗？"

商贩们都说："梨树的主人不在，但天气这么热，摘几个梨解渴也没什么大不了的。"

许衡认真地说："梨树现在虽然没有主人看管，难道我们自己的心也没有约束吗？我心有约束，不是自己的东西，又没经主人允许，我是绝不会去偷的。"

商贩们不理会许衡，纷纷去摘梨。许衡见状，只好无奈地独自走了，他忍着炎热和口渴继续赶路。而那些吃到梨的商贩们则纷纷讥笑他是个愚人，不懂得变通。

许衡恪守自己的原则，不管在什么环境下都能坚持刻苦学习，终于成为宋末元初著名的学者。

许衡不是商贩们口中的"愚人"，而是懂得自律，有生活和做事的原则。人只有时时自省，给自己锻造身心的曲规，才能在不断完善自我的过程中获得对自己有价值的东西。

自省，就是自我反省、自我检查，以能"自知己短"，从而弥补短处，纠正过失。力求上进的人都很重视自省，因为他们知道，自省是认识自己、改正错误、提高自己的有效途径，自省能使人格不断趋于完善，走向成熟。

而"勿论人非"则又体现出了古人对于为人处世的另一层哲理性的思考与智慧。的确，有是非之言的地方便成了是非之地。人生在世，你有你的是非，他有他的是非，是非总是讲不清，而人往往容易为是非所累。

祖孙俩买了一头驴，爷爷让孙子骑着驴时，别人议论孙子不懂孝敬；孙子让爷爷骑着驴时，别人指责爷爷不疼爱孙子；祖孙俩干脆都不骑了，又有人笑话他俩放着驴不骑是傻瓜；祖孙俩同时骑在驴背上，又有人指责他们不爱护动物。结果，不知所措的爷孙俩只好绑起驴扛着走了。

祖孙俩最后不知所措，是因为他们深受那些"是非"所累。

"是非"本身就是极其无聊的谈资，没有任何意义。背后议论别人不是君子之风，做人应该光明磊落，有话就当面说清楚，不要在背后搞小动作。搬弄是非不仅害人，对自己也没有好处，反而会让人看不起。

喜欢议论别人，对别人"明察秋毫"，对自己却不能有个清醒的认识。这样的人本身往往就有很多缺点，但他从不正视，不愿做自我批评，议论别人成了他掩盖自身缺点的遮羞布。越是这样，缺点越得不到改正，长此以往，坏习惯就会养成。不能律己，又有什么资格要求别人呢？

在王阳明看来，是与非相差并不遥远，"所争毫厘耳"。的确，只差毫厘就有了本质的变化。正所谓"失之毫厘，谬以千里"，好与坏、对与错、是与非只在一念之间。既然如此，不如少谈论一些是非，多一些对自己的省察。

自省拭心心自明。只要我们经常自我反省，每日多擦拭心灵，就能更好地完善自我，避免失败重演。

3.任何时候都不要让心慌乱

你未看此花时，此花与汝同寂，你来看此花时，此花颜色一时明白起来。便知此花不在你的心之外。

——《传习录》

我们每个人的心中都难免有理性和情绪上的斗争和争讼。这种"心、意、识"自讼的状态就叫"心兵"。普通人心中随时都在打内战，如果妄念不生，止水澄波，心兵永息，自然天下太平。

"我不看花时，花与我同寂。我看花时，花的颜色一时明白起来，便知此花不在我心外。"这句话被奉为王阳明的经典话语。王阳明认为外物之所以存在是因为心的存在。所以在面对人生中的诸多沉浮时，我们大可不必左右摇摆，只需以一种从容淡定的心情去对待之，并借此来修炼自己的心灵，达到不动心的境界，以获得一个悠然自在的人生。

中国有句古话说："芝兰生于深林，不以无人而不芳；君子修道立德，不为穷困而改节。"淡泊作为人生的一种从容之姿态，是对生命的珍视、对世事的释然。淡泊是一种境界，是一种智慧，是一门哲学，更是不论远到天涯海角都可以随遇而安的状态。它的表现不是听从命运的摆布，而是享受生命中的宁静。

现实中,追名逐利并斤斤计较之人多过甘于寂寞且淡泊名利之人,但这不代表就无淡泊名利之人。"一箪食,一瓢饮,不改其乐"的颜回做到了;"凉簟碧纱厨,一枕清风昼睡馀。睡听晚衙无一事,徐徐,读尽床头几卷书"的苏轼做到了。

淡泊是一种水流淌而不择其道的幸福,是一种树任风摆的逍遥自在的幸福,是一种面对人生宠辱坦然处之的幸福。能够拥有淡泊是一种享受。

一个在美国留学的学生利用节假日的休息时间在华尔街附近的餐厅里做零散的工作,勤工俭学。一天,他满怀信心地对餐厅的大厨说:"你等着看吧,总有一天,我会凭借自己的能力打进华尔街。"说完,他满怀希望地看着大厨,似乎在等一个肯定的答案。

大厨抬头看着年轻的留学生好奇地问:"年轻人,你毕业后对人生有什么打算吗?"

留学生答道:"我希望学业结束后就能马上进入一流的跨国企业工作,不但可以拥有丰厚的收入,还会前途无量。"

大厨摇摇头,不以为然地说:"我想你没有听明白我的话,我不是问你的前途,我是问你将来的工作兴趣和人生兴趣,是一种自己内心真实的想法。"

留学生听完大厨的话一时无语,显得很茫然,他不懂大厨的意思。看着留学生的表情,大厨长叹道:"如果经济再这样继续低迷下去,餐馆生意不景气,不能够维持生活,我就只好去做银行家了。"说完,大厨一脸的惆怅。

大厨的话让留学生目瞪口呆,他怀疑自己的耳朵出了毛病,他不相信眼前这个一身油烟味的厨师会跟华尔街的银行家沾得上边。

大厨对还在愣神的留学生解释说:"我以前就在你向往的那条华尔

街的一家银行上班，每天都是披星戴月地忙碌，没有一点自己的业余生活。我一直都很喜欢烹饪，喜欢看着大家吃我做的菜而感到满足的样子，那样会使我心花怒放。有一天，我在写字楼里忙到凌晨1点多才弄完手头的活，当我啃着令人生厌的汉堡包充饥时，我决定辞职，我不要被这种工作机器般的生活所束缚，我应该选择我热爱的烹饪为职业。事实证明，我的选择是对的，现在我的生活比以前要愉快百倍。"

只有懂得享受生活的人才能拥有完美的人生。生活追求的是一个过程，而不是那个死板的结果。只要在一份简朴平淡的生活中过得快乐而自在，就是一种上乘的人生境界。淡泊就是一种生活的姿态，它顾自怒放着，以它简单却不平凡的追求。

黄帝做了十九年天子，诏令通行天下，听说广成子居住在崆峒山上，特意前往拜见他，说："我听说先生已经通晓至道，冒昧地请教至道的精华。我一心想获取天地的灵气，用来帮助五谷生长，用来养育百姓。我又希望能主宰阴阳，从而使众多生灵遂心地成长，对此，我将怎么办？"

广成子回答说："你所想问的，是万事万物的根本；你所想主宰的，是万事万物的残留。自从你治理天下，天上的云气不等到聚集就下起雨来，地上的草木不等到枯黄就飘落凋零，太阳和月亮的光亮也渐渐地晦暗下来。然而，谄谀的小人心地是那么偏狭和恶劣，又怎么能够谈论大道！"

黄帝听了这一席话便退了回来，弃置朝政，筑起清心寂智的静室，铺着洁白的茅草，谢绝交往独居三月，再次前往求教。

广成子头朝南地躺着，黄帝则顺着下方，双膝着地匍匐向前，叩头着地行了大礼后问道："听说先生已经通晓至道，冒昧地请教，修养自身怎么样才能活得长久？"

广成子急速地挺身而起，说："问得好啊！来，我告诉给你至道。至道的精髓,幽深渺远;至道的至极,晦暗沉寂。什么也不看,什么也不听,持守精神,保持宁静,形体自然顺应正道。一定要保持宁寂和清静,不要使身形疲累劳苦,不要使精神动荡恍惚,这样就可以长生。眼睛什么也没看见,耳朵什么也没听到,内心什么也不知晓,这样,你的精神定能持守你的形体,形体自然就能长生。小心谨慎地摒除一切思虑,封闭起对外的一切感官,智巧太盛定然招致败亡。我帮助你达到最光明的境地,直达那阳气的本原;我帮助你进入到幽深渺远的大门,直达那阴气的本原。天和地都各有主宰,阴和阳都各有府藏,谨慎地守护你的身形,万物将会自然地成长。我持守着浑一的大道而又处于阴阳二气调谐的境界,所以我修身至今已经一千二百年,而我的身形还从不曾有过衰老。"

黄帝再次行了大礼叩头至地说:"先生真可说是跟自然混而为一了!"

广成子主要说的是怎样才能求得道,我们却可以从中体悟到"精"的作用,每个人想要得到幸福,都要保持自己心灵的平静,按住心兵不动。

王维诗云:"人闲桂花落,夜静春山空。月出惊山鸟,时鸣春涧中。"

诗中描写的不仅是自然的美,也是诗人生命的美。如果一个人在喧闹的都市中仍能保持一颗清净无为的心,就能像王维那样体验到生命中蕴含着的花落、月出、鸟鸣的美丽,就能拥有一个诗意的幸福人生。

从容不动心,能够让你在车马喧闹之中多一分理性,在名利劳形之中多一分清醒,在奔波挣扎中多一分尊严,在困顿坎坷中多一分主动。中国有一句俗语,"药补不如食补,食补不如神补"。此间的意思不言而喻,不好的心境能误君性命,而淡定祥和的内心、平和安然的心态才是我们一直寻找的长生不老的秘诀。

王阳明一再讲"心外无物""心外无理",他声称心是万物的主宰,一切都源于"心"。心是可以灵活多变的,你需要学会掌控。所以,任何时候都不要让心慌乱,只要你能保持从容淡定,一切便会豁然开朗。

4.知人者智,自知者明

省察是有事时存养,存养是无事时省察。

——《传习录》

老子《道德经》中说:"知人者智,自知者明。"确实,人需要有自知之明,特别是身处困境、地位低下的时候,更应该反省自身,多思考一下自己的缺陷和不足,才能借由不断的自我调整而进步。

王阳明也很看重自我省察,他说省察是有事的时候存养天理,存养天理是无事的时候省察。通过省察看清自己是成功的基础,不能因为境况的不如意而迷迷糊糊,混了天日。

神经组织学家拉蒙·伊·卡哈尔是西班牙人,他的父亲是乡村医生,不重视对孩子的教育。因此,小卡哈尔学习很不认真,总与一些坏孩子在一起胡混。后来闯了祸,还被警察拘留了三天,把他父亲气坏了。出来后,他坏毛病仍然不改,又因为调戏女同学被学校开除。父亲要打他,他吓跑了。在外胡混了一年后又回了家,结果父亲去世了,他只好去做苦工维持生活。

他很早就爱慕邻家的一个女孩,总想找机会接近她,可那姑娘根本不理他。一天,他看姑娘与人谈话,想靠近听听,那姑娘好像在议论他:"顽童都是没志气,也不会有好前途的人。"姑娘的话大大刺激了他,回家以后,他躺在床上不吃饭、不睡觉,脑子里全想着这事。他终于明白过来:自己不能再这样混下去了。

此后，他重新上学，一改过去的坏毛病，勤奋学习……最终，他以高中第一名的好成绩考上了萨拉戈萨医科大学，成为了一个享受全额奖学金的大学生。

正如古人所说的"知耻而后勇"，为了洗去耻辱，卡哈尔发奋努力，把心从外界各种乱七八糟的事物中收了回来，全部集中到了做学问上，从而创造了一个传奇般的人生。

我们要想得到长足的进步，就必须经常反省，以便看到自己的不足之处。在个人独处的时候，放松身体，打开心门，回忆、反思一天以来的所作所为，检点自己有哪些缺点和不足之处。

如果无法认清自己，就容易骄傲自满，就像装满了水的容器，稍微一晃，水便会溢出来。一个人若心里装满了骄傲，便很难听取别人的忠告，吸取别人的经验，接受新的知识。长此以往，必定故步自封，或止步不前，或猝然受挫。

夏朝时，一个背叛的诸侯有扈氏率兵入侵，夏禹派他的儿子伯启抵抗，结果伯启被打败了。伯启的部下很不服气，要求继续进攻，但伯启说："不必了，我的兵比他多，地也比他大，却被他打败了，这一定是我的德行不如他、带兵方法不如他的缘故。从今天起，我一定要努力改正过来才是。"从此以后，伯启每天很早便起床工作，粗茶淡饭，体恤百姓，任用有才干的人，尊敬有品德的人。过了一年，有扈氏知道了，不但不敢再来侵犯，反而自动投降。

伯启的经历与孔子的一句话很契合，孔子说："已矣乎！吾未见能见其过而内自讼者也。"孔子说："完了啊！我没有见过能看到自己过失而深切自责的人。"孔子教育学生们要"修持涵养"，也就是注重修养。而"内讼"说得简单些，就是由内心对自己进行自我审判。怎么审判呢？就是内心进行情感与理性、天理与人欲的权衡，找出自己的缺点，时时进行自我反省。

学到一点东西就自满自足，甚至不可一世、盲目骄傲，这是可笑且可怜的。对自己心存不满的人会随时随地为自己充电，他们从不会因为已有的知识和成绩而感到骄傲，因为他们知道容器的容量虽然有限，心胸却可以无限扩展，他们总是会把自己摆在最低的位置，实际上却能与伟大无限接近。

人生如秤：对自己的评价称轻了容易自卑；重了又容易自大；只有准了，才能实事求是、恰如其分地感知自我、完善自我，对自己了然于心，做到有自知之明。

可现实中，人们常常称重自己，过于自信和自重，总觉得高人一等，办事忽左忽右，不知轻重，而造成不必要的尴尬和悲剧。当然，也有称轻自己的人，往往表现为自轻和自贱，多萎靡少进取，总以为己不如人，自惭形秽，而经常处于无限的悲苦之中。

自省才能自制自律，自律才能自尊自重，自重才能自信自立。自尊为气节，自知为智慧，自制为修养。人具备了自知之明的胸臆和襟怀，其人格顶天立地，其行为不卑不亢，其品德上下称道，其事业左右逢源。在人生道路上，就能经常解剖自己，自勉自励，改正缺点，量知而思，量力而行，及时把握机遇，不断创造人生的辉煌。

自知之明与自知不明一字之差，却是两种截然不同的结果。自知不明的人往往昏昏然、飘飘然，容易忘乎所以，看不到问题，摆不正位置，找不准人生的支点，驾驭不好人生命运之舟。自知之明关键在"明"字，对自己明察秋毫、了如指掌，因而遇事能审时度势，善于趋利避害，很少有挫折感，其预期值就会更高。所以，王阳明说，懵懂的人，要是真的能在事物中省察，愚蠢也会变得聪明，柔弱也会变得刚强。

5.寂寞，让心灵成长

圣人之道，吾性自足，向之求理于事物者误也。

——《教条云龙场诸生》

刚被贬至龙场的王阳明，因无法适应当地的艰苦和精神上的寂寞，整个人都显得十分忧郁悲凉。为了排遣烦恼，消除寂寞，他静心默坐，澄心静虑，想通过平静心态来理清思绪，改善情绪。由此，耐得住寂寞的他还悟出了圣人之道："圣人处世，在于自足七性，而不在向外求理。"从此，王阳明开始了用寂寞催生自己心灵成长的龙场悟道之旅。

很多人在成功之前都苦于遇不上欣赏自己的伯乐。有时候是自己无意间掩盖了才华，有时是他人埋没了自己的能力。如果因一时不被赏识而暴躁不安，很可能你之前付出的努力都会变成徒劳；而如果安下心来，耐心等待，于寂寞中养精蓄锐，甚至享受寂寞，这种经历将令你的整个人生受益匪浅。

李忱是唐宪宗李纯的第十三子，于长庆中期被封为光王。即位之前，贵为王公的李忱却不得不离京出走，这得从他当时的处境说起。李忱的母亲并不是一个有身份、有地位的妃子，她作为当时叛臣的罪孥被送进宫，结果邂逅了当朝皇帝，生下了李忱。可惜在李忱的幼年，宪宗皇帝就被宦官暗杀了，留下这一对母子，既不能母凭子贵，也不能子凭母贵。

公元820年2月，李恒（李忱之兄）被宦官扶上皇位，是为唐穆宗；4年后，穆宗服长生药病逝，其子敬宗李湛接任，但他只活到18岁，驾崩后由其弟文宗李昂、武宗李炎相继接任。

在这长达20年的时间里，三朝皇叔李忱的地位既微妙又尴尬，他只能以黄老之道韬光养晦，装傻弄痴。尽管他为人低调，不事张扬，但光王的特殊身份还是让他逃避不了侄儿们猜忌、排斥、挤压。文宗、武宗两位皇帝更是对他心存芥蒂，非但不以礼相待，还想方设法地迫害他。公元841年，唐武宗登基时，李忱为避祸，"寻请为僧，行游江表间"，远离是非之地。应该说，李忱当时做出的这一抉择，当属大智若愚、达人知命的明智之举。而流放底层，阅尽人世沧桑，也为他将来成大业提供了一个难得的机会。

法号"琼俊"的李忱虽然隐居于与世隔绝的深山之中，但他并没有一心向佛，忘却心中之志。握瑾怀瑜的他，效法孔明抱膝于隆中、太公钓闲于渭水，准备待时而动。在唐武宗统治的6年间，他不停地通过秘密渠道打探宫内情况，积极从事夺权的活动，以实现"归去宿龙宫"的夙愿。

虽然他一直隐藏自己的这一志向，在福建境内的天竺山真寂寺的3年间，他言行谨慎，不露端倪，但在一次与黄蘗和尚观瀑吟联时，他那深藏于心的雄才大略却通过一副对联表露无遗。

黄蘗是当时福建的一位名僧，他出家于福清黄蘗山，因拜江西百丈山海禅法师而得道，从此名声大噪。黄蘗当时云游四方，行踪不定，也曾入宫，与李忱熟识并成为知己。得知李忱龙潜于真寂寺，他便特地赶来，在庙里长住了下来。

一日，两人在山中闲话，面对悬崖峭壁上的一条飞瀑，黄蘗来了雅兴，对李忱说："我得一上联，看你能否接下联。"李忱兴致盎然地说道："你道来我听，我必对得上。"黄蘗于是吟道："千岩万壑不辞劳，远看方知出处高。"李忱几乎是脱口而出："溪涧岂能留得住，终归大海作波涛。"黄蘗听了，赞赏有加。

没有深沉的寂寞，哪有动地的长歌？李忱就像那瀑布，经历"千岩万壑不辞劳"的艰险后，终将飞珠溅玉、石破天惊。公元846年，深谙权谋、忍辱负重的李忱从侄儿手中夺过大位，是为唐宣宗，时年37岁。由于他长期在民间阅世读人，深知黎民疾苦，故躬行节俭，虚怀纳谏，颇有作为。

一位西方哲学家曾经说过这样一句话："世界上最强的人大多是最孤独的人。能在孤独寂寞中完成他的使命的人，就是最伟大的人。"寂寞常常令人感到痛苦，不能与他人交流沟通、不能被伯乐赏识的寂寞让人苦不堪言。但是，转念一想，只有安静且不受干扰的环境才能真正让一个人获得心灵的平静，只有在平和的心态下，人才会变得更加坚强。所以，若想度过目前的困境或超越平凡的状态，就得先让自己学会寂寞相处，并在寂寞中让心灵纯净起来。

在被贬期间，王阳明也体会了各种折磨与摧残，但他并没有被这些外在的身体折磨打垮。为了从困苦和寂寞中解脱出来，他主动去了解当地居民的民俗文化，并交换他所学的知识和理论。时间长了，当地居民的质朴性情和乐于助人的热情深深感动着他。令他最为感动的是彝族首领安贵荣。安贵荣非常欣赏王阳明的学识和精神，当他得知身边的这位学者正过着水深火热的生活时，主动提供帮助给予他生活上的照顾。不仅如此，安贵荣还经常为他讲述他们民族的文化历史，使王阳明在困苦的日子里仿佛找到了至宝一般，这些不一样的民风民俗极大地激发了他悟道传道的热情。

王阳明在亲身经历了寂寞和困苦后，得出了一个生命的真谛：在寂寞中，不能自我颓废和萎靡。越是寂寞的时候，越要让自己的心灵坚强起来，用当下的宁静环境让自己的心灵纯净不惹尘埃。当心灵沉静，生活的杂念也会消失不见，这时，我们便需要坚持不懈地充实完善自己的心灵和能力。由此，当某天机遇向你招手时，你才能有勇气和实力好好地把握它，达到成功的目的。

对于寂寞，梁实秋先生曾这样描述："寂寞是一种清福。我在小小的书斋里，焚起一炉香，袅袅的一缕烟线笔直地上升，一直戳到顶棚，好像屋里的空气是绝对的静止，我的呼吸都没有搅动出一点波澜似的。我独自暗暗地望着那条烟线发怔。屋外庭院中的紫丁香还带着不少嫣红焦黄的叶子，枯叶乱枝的声响可以很清晰地听到，先是一小声清脆的折断声，然后是撞击着枝干的磕碰声，最后是落到空阶上的拍打声。这时节，我感到了寂寞。在这寂寞中，我意识到了我自己的存在——片刻的孤立的存在。"梁实秋先生坐在属于自己一个人的书斋里，他感受的寂寞是充满诗意的，是一个能激发他写作灵感的状态，是一个享受的过程。没有痛苦，没有孤独，有的是一种旁人所不能体验的清福。

由此可见，寂寞往往是感情丰富且十分细腻的人才能有所感知的。正是因为他们常常能安静下来体验到旁人所不能体验的情感和细节，才能体悟到他人所不能体悟的道理，发现他人忽略掉的思想，最终得到寂寞给予的力量，修炼自我，获得成功。寂寞，不应该用惧怕的心理来对待；寂寞，不是我们想象的那样可怕；寂寞，也不是寻常人能够体悟和感知的。若是你能体验到安静的寂寞，请珍惜这样的感觉，因为，这或许就是你成功的起点和必经之路。这也是王阳明想要告诉我们关于寂寞的真谛，关于如何让自己成长的秘诀。

6.大巧若拙，大智若愚

智深险少矣。

——《官诫经》

真正具有智慧的人，不会把他人对自己做的任何评价放在心里。因为他们有足够的智慧来分辨他人的评论。

"走自己的路，让别人去说吧！"我们无法避免他人对我们的评价，不论是好是坏，我们能做的只是从他人的评价里自省，正确的评价坦然接受，错误的论调置之不理。对于这一点，王阳明也有自己的想法。

一天，王阳明的一个学生问了他一个问题："叔孙、武叔都曾经诋毁过仲尼。孔子作为伟大的圣人，为何都躲不过他人的诋毁呢？"

王阳明听后笑了笑："诋毁是来自外界的，就算是圣人也无法阻止和避免。对于诋毁，我们能做的仅仅是更加注重自己的修养。当我们真正地成为圣贤后，即便是被众人诋毁，我们也能傲然于天地间，活出自己的精彩。就像浮云蔽日，再多的云层也无法损害太阳的光明。倘若我们是外表温文尔雅、内心空虚无德的人，那么，纵然暂时没有一个人说我们的坏话，而我们潜藏的恶迟早会自己暴露无遗。孟子曾说：'有意料不到的赞扬，就有过于苛刻的评论。'对于外面好的或坏的评价，我们无法逃避，我们能做的只是修身养性，淡然面对外界的评论。"

当我们真正遇到苛刻的不实际的毁谤时，除了加强自我修炼之外，还得学会装糊涂，对这些评价一笑而过。

真正有智慧的人是不会锋芒毕露的，他们待人处事非常谦逊，有时甚至会装糊涂，仿佛自己是个极度愚蠢之人。

装糊涂是最为有效的一颗烟幕弹，在中国历史上被许多圣人奉为大智若愚的有效方略，屡试不爽。当你处在人生劣势的情形之下，不妨使用之。

孙膑是战国时期著名的军事家，与庞涓一起拜鬼谷子为师，在才智方面，孙膑胜庞涓一筹。鬼谷子因孙膑单纯质朴，对他厚待一层，偷偷地将孙武所著兵书《十三篇》传授给他。

后来，庞涓当了魏国大将，孙膑到他那里去做事，庞涓才知道孙膑在老师那里另有所得，于是更加嫉恨孙膑。他在魏惠王面前诬告孙膑里通外国，并请魏惠王对孙膑施以刖刑。孙膑的两块膝盖骨被剔去，无法逃跑。而后，庞涓把孙膑关在一个秘密的地方，表面上大献殷勤，好吃好喝地供养。孙膑不明就里，对庞涓感激涕零。庞涓乘机索要《孙子兵法》这本书。孙膑因无抄录手本，只依稀记得一些。庞涓就弄来木简，让他写下。庞涓准备在孙膑完成之后，断绝食物供给，把他饿死。但庞涓派来侍候孙膑的童仆偷偷把庞涓的诡计告诉了孙膑，孙膑这才恍然大悟。

孙膑是一个有着远大抱负的军事谋略家，他立即想出了一条脱身之计。当天晚上，孙膑伪装成得了疯病的样子，一会儿号啕大哭，一会儿嬉皮笑脸，做出各种傻相，或唾沫横流，或颠三倒四，又把抄好的书简翻出来烧掉。庞涓怀疑他装疯卖傻，派人把他扔进粪坑里，弄得他满身污秽。孙膑为了自己的远大志向，在粪坑里爬行，显出毫不在意的样子。庞涓又让人献上酒食，欺骗他说："吃吧，相国不知道。"孙膑怒目而视，骂不绝口，说："你们想毒死我吗？"随手把食物倒在地上。庞涓让人拿来土块或污物，孙膑反而当成好东西抓来吃。庞涓由此相信孙膑确实是精神失常了，疑心稍有解除。

此时，墨翟的弟子禽滑釐把他在魏国所见的孙膑的情况告诉了齐国相国邹忌，邹忌又转告了齐威王。齐威王命令辩士淳于髡到魏国去见魏惠王，暗中找到孙膑，秘密地把孙膑接回齐国。

孙膑在身陷囹圄之时，冷静沉着，故意装得愚蠢疯傻，忍受巨大的耻辱与折磨，骗过庞涓，保住了性命。后来，在马陵之战中，孙膑以卓越的军事才能，设计除掉了庞涓，洗刷了耻辱。

为了保住性命，孙膑、司马懿、刘备、曹操这样有大成就的人都能自降身份，不惜装疯卖傻。实际上，这种假糊涂的背后隐藏的是旁人难以企及的大智慧，看似无用，实则内涵颇深。

老子曾说,真正有智慧的人都是一副大智若愚的模样。孔子也曾说过"刚、毅、木、讷,近于仁"。对真正的智慧的理解,古今中外的人们似乎都是一样的。美国总统富兰克林·罗斯福曾这样诉说他的做人哲学:"不懂得隐藏自己智巧的人是一个真傻瓜。"

7.不争才是最大的争

君子求退勿迟。

——《官诫经》

争与不争是两种处世态度:争者摩拳擦掌;不争者平淡处之。关于不争,"水德"是对其最好的赞誉。在自然界的万事万物中,水利养滋润了万物,却不从万物那里争取任何有利于自己的东西。这种无私的表现为其赢得了"以其不争,故天下莫能与之争"的赞誉。

王阳明能在中国哲学思想上取得惊人的成就,也与其"为争而不争,天下莫能与之争"有关。年少时的王阳明满怀雄心壮志,一心追求真理、成为圣人。然而,由于他性格耿直,不愿屈从恶势力,结果招致祸殃。之后,王阳明的人生发生了一个重大的转折,他远离政治,潜心研究儒教、佛教、道家思想,他的"不争"并不是放弃眼前的一切,而是以不争今日之利争万世,不争当前之利争天下。因其"不争",故而能静心悟道,并体悟许多以前百思不得其解的道理,进而攀登上中国哲学思想的高峰。

只有无争,才能无忧。利人就会得人,利物就会得物,利天下就能得天下。善利万民的人，如同水滋润万物而与万物无争，不求所得。所以不争的争，才是争的最高境界。做人成事也是同样的道理。

当年，楚汉相争，张良、萧何与韩信共同辅佐刘邦夺取天下。有一次，刘邦被项羽围困在荥阳，韩信在东边打下了齐国后，不但不来增援，反而派人来向刘邦提出要求，希望同意他自立为"假齐王"。面对韩信"争"的无礼要求，刘邦当即大怒，想马上派兵去攻打韩信。在这个时候，身为谋士的张良在桌子底下踢了刘邦一脚，用眼神告诉刘邦，在这危急关头，不如同意韩信立为假齐王，稳住他，以防小不忍生大变。这一脚下来，刘邦马上领悟到了"不争"的智慧，立刻改口道："他韩信大丈夫南征北战，出生入死，要做就做个真王，哪有做假王之理，封他为齐王！"然后立刻派张良带上印信，前往齐国，封韩信为齐王。之后，韩信立刻带兵增援，解了荥阳之围。

刘邦通过"不争"，有效地稳定了军心，控制了复杂局势，使韩信断绝非分之想而帮助其大争天下，最后"天下莫能与之争"，而成汉朝开国皇帝。所以，不争不是无所作为、甘于堕落，不是要让人彻底断绝私心欲望，而是劝告世人要顺应大道，不要贪图眼前的小私，只有着眼于大局，才能得到更多的利益。

权力场上变化无常，欲免于忧患，就应该保持一种"不争"的心情。与人无争，与世无争，看似消极避世，但实际上恰到好处的"与人无争"，是一种知晓进退规则之后的释然。"与人无争"说到底是智慧的"退"，而"无人能与之争"则是聪明的"进"。

因而，我们在为人处世时，也应该效法天道，把我们的智慧贡献出来，不辞辛苦，不计较名利，不居功，秉承天地生生不已、长养万物万类的精神，只问耕耘，不问收获。这样，就能自然达到"为争而不争，天下莫能与之争"的高境界。

第五章

养心之道
——宠辱不惊,去留随意

1.随遇而安,淡定从容

人生达命自洒落。

——《啾啾吟》

"方园不盈亩,蔬卉颇成列。分溪免瓮灌,补篱防豕蹢。芜草稍焚剃,清雨夜来歇。濯濯新叶敷,荧荧夜花发。放锄息重阴,旧书漫披阅。倦枕竹下石,醒望松间月。起来步闲谣,晚酌檐间设。醉时藉草眠,忘与邻翁别。"

在龙冈书院旁边,有一个很多人都认为十分不起眼且毫无用处的乡村菜地,名叫"西园"。但王阳明却认为,这是一个赏景、读书的好地方。篱笆、野花、瓜果蔬菜，一切都那么自然和谐，如一幅美景图般呈现出来。王阳明经常在这里读书、赏景，有时还和这里的农民一起哼小调唱小曲。傍晚，在庭院里搭一张小桌子就餐，酒醉后，就在庭院的草席上睡下。这首诗，很全面地反映了王阳明惬意的随遇而安的美好心情。

对于随遇而安，著名的国学大师南怀瑾也曾经说过："一个人想做到随遇而安是非常困难的。世间万物皆有其自身的规律之所在，水在流淌的时候是不会去选择道路的，树在风中摇摆时是自由自在的，它们都懂得顺其自然的道理。因此，拔苗助长固不可取，逆流而上也是一种愚蠢。"

在这个世界上，不管一个人有多么成功伟大，他们所经历的过程都是近乎相同的：有失败的失意，有遇挫的痛苦，有成功的喜悦。但他们最珍惜的还是每个阶段和境遇所带来的不同感受。他们都有一个信念，不论遇到什么，先坦然面对，欣然接受，在这样随遇而安的状态里找到办法，从困境中解脱出来。

曾经有一个小国家，地小人少，这里的人们过着与世无争、世外桃源般的生活。他们活得悠闲自得，性子都十分闲淡。他们之所以会如此，很大程度上是受到了国王和宰相的影响。国王从不争强好胜，也从来没有为扩张领土而侵略过其他的国家；而宰相更是一位对政事不太关心的读书人。不过，这两个人都有自己的嗜好。国王特别喜欢打猎和微服私访，而宰相则老在国王微服私访时说这么一句话："一切都是最好的安排。"

起初，国王并不理解宰相说这话的真正意义，直到一件事的发生。

这一天，国王如往常一样来到狩猎场打猎，他的箭射中了一只花豹，这可把国王高兴坏了，这可是他第一次捕获到这样的大型动物。于是，他骑着马抛下随从，兴高采烈地来到花豹倒下的地方。没想到，花豹并没有死，在国王走近后，它使出最后的力气跳起来向国王扑去。国王一愣，看见花豹张开血盆大口咬来，他心想"完了"。幸好，随从及时赶到，立刻发箭射入花豹的咽喉，虽然国王的手被咬伤了，但总算没有大碍。

回宫以后，国王越想越不痛快，就找了宰相来饮酒解愁。宰相一边敬国王，一边微笑着说："大王应该庆幸，少了一小块肉总比少了一条命来得好吧！想开一点，一切都是最好的安排。"

国王一听，闷了半天的不快终于找到了宣泄的机会，他训斥宰相，并把宰相关进了监狱。

过了一个月，国王养好伤，打算像以前一样找宰相一块儿微服私巡，可想到是自己把他关入监狱里，一时放不下身段释放宰相，便独自出去了。

走着走着，国王来到了一处偏远的山林，忽然从山上冲下一队脸上涂着红黄油彩的蛮人，三两下就把他五花大绑，带回了山上。国王这时才想到今天是满月，这一带有一支原始部落，每逢月圆之日就会下山寻找祭祀满月女神的祭品。他心想这下子完了，有心想跟蛮人说："我是国王，放了我，就赏赐你们金山银海。"可是嘴巴被破布塞住，连话都说不出口。

他被带到一口比人还高的大锅前，柴火正熊熊燃烧，吓得他脸色惨白。大祭司现身，当众脱光国王的衣服，露出他细皮嫩肉的龙体，大祭司啧啧称奇，想不到现在还能找到这么完美无瑕的祭品！原来，今天要祭祀的满月女神是"完美"的象征，所以，祭祀的牲品丑一点、黑一点、矮一点都没有关系，就是不能残缺。在即将推国王下油锅的那一刻，大祭司终于发现国王的左手小指头少了小半截，他忍不住咬牙切齿咒骂了半天，忍痛下令说，把这个废物赶走，另外再找一个。脱困的国王大喜若狂，飞奔回宫，立刻叫人释放宰相，派军队赶走蛮人，并在御花园设宴，为自己保住一命，也为宰相重获自由而庆祝。

国王边饮酒边说："如果不是被花豹咬了一口，今天连命都没了。"

宰相也慢条斯理喝下一口酒说："也多亏大王将我下在大狱，我才捡了一条命。否则，陪伴您微服私巡的人，不是我还有谁呢？等到蛮人发现国王不适合拿来祭祀满月女神时，被丢进大锅中烹煮的肯定是我。所以，我要向您敬酒，感谢您救了我一命。"

上面的故事中，宰相说的"一切都是最好的安排"实际上就是随遇而安的意思。随遇而安，并不是让人们完全地安于现状，不对未来做任何打算和努力，一味消极地等待。这里的随遇而安，指的是找到生活的平衡，这才是自然的一种境界，是心灵成长的标志，是成功人士的基本素养。

2.平常心，心平常

万缘脱去心无事。

——《静心录》

王阳明思想上的转折点就是"龙场悟道"。

当时，在艰苦的环境下，王阳明的随从们一个个病倒了，他被迫自己打柴担水，做稀饭给随从们吃。王阳明又担心他们心情抑郁，便和他们一起朗诵诗歌，唱唱家乡的曲子。唯有这样，随从们才能稍稍忘记当时的处境。

然而，王阳明却始终在想："如果是圣人，面对这种情况，会有什么办法呢？"昼夜苦思的王阳明终于在一个夜梦中豁然开朗，悟得"圣人之道，吾性自足"的道理。他从睡梦中跳起来，欢呼雀跃地大叫："我知道了，我知道了！""中夜大悟格物致知之旨"，荒芜的龙场，给了哲学家心性的自由,成了王阳明"运思"的天堂,也孕育了王阳明从"平凡"到"圣人"的成长。

其实,生活就是在平凡与伟大的交错中延伸开来的,每一个伟大的人曾经都是一个平凡的人,或以后会变回平凡的人,但有一点是不变的:伟大,总是在平凡之后。

庄周家境贫寒,向监河侯借粮。监河侯说:"行,我即将收取封邑之地的税金,打算借给你三百金,好吗?"

庄周听了,脸色骤变,忿忿地说:"我昨天来的时候,有谁在半道上呼唤我。我回头看看路上车轮辗过的小坑洼处,有条鲫鱼在那里挣扎。我问它:'鲫鱼,你干什么呢?'鲫鱼回答:'我是东海水族中的一员。你也许能用斗升之水使我活下来吧。'我对它说:'行啊,我将到南方去游说吴王越王,引发西江之水来迎候你,可以吗?'鲫鱼变了脸色生气地说:'我失去我经常生活的环境,没有安身之处。眼下我能得到斗升那样多的水就能活下来,而你竟说出这样的话,还不如早点到干鱼店里找我!'"

得道的"圣人"庄子的生活其实和大部分人一样,并非不食人间烟火,他也会遭遇贫穷,甚至连饭都吃不上,只有去借钱,却遭到了拒绝。但当面对生命中的困窘时,他们能保持超然物外的心境,坚持自己卓尔不群的人格。

一个真正了不起的人,他的心中是没有伟大这个概念的。他认为帮助别人是应该做的事情,做完了就过去了,心中不留痕迹。这符合王阳明将万物众生看做一体的观点。

每一个生命都是如此平凡,但你若把自己降到最低的位置,你就成了大海。一切伟大也蕴于平凡之中,平常就是真道,最平凡的时候是最高的,真正的真理在平凡之间;真正仙佛的境界,在最平常的事物上。所以,真正的人道完成，也就是出世、圣人之道的完成。

然而，生活中的有些人在心中嘀咕：我整天为了工作奔忙，为了能买套房子、养活家人而无比辛劳，我这能算伟大吗？能算"圣人"吗？其实，我们所做的这些工作和庄子当日为了生活而奔忙的工作又有何不同？只要我们能够在这平凡的生活中修养自己的心灵，不让自己沉迷于物欲，保持一份超然的心情，我们就能在芸芸众生中活得更精彩。

圣人就在平凡的人世间。文豪泰戈尔曾经说过："天空虽不曾留下我的痕迹，但我已飞过。"有一份自信。一种坦然，就已足够。

3.用微笑面对生活

心无所累，意无所牵。

——《传习录》

"芭蕉叶上无愁雨，只是听时人断肠。"有时外面风和日丽、鸟语花香，内心却十分压抑，充满了黑暗。"绿杨烟外晓寒轻，红杏枝头春意闹"的快乐，"泪眼问花花不语，落红飞过秋千去"的失意，都可能存在。

宦海沉浮本就是很平常的事情，这一点王阳明很清楚，所以即使经历了大起大落，他依然坚守内心的生活哲学。其实，有几次被贬后，他也沉默过、失望过，但困难不能打倒他，他的意志依然坚定，用微笑迎接每一天。他的微笑来自长期自省、为学、修身的自信和内心深入的平静。

任何得失沉浮都是人生，都是生活所获的赐予。活了一辈子，却常常因为心中长满了烦恼杂草而愁肠百结,愁眉不展,没有得到生活过程的乐趣,没有享受生命,这是生命当中自觉与自省的缺乏,也是一种遗憾。

乐观者与悲观者在争议三个问题。

第一个问题:希望是什么?

悲观者说:是地平线,就算看得到,也永远走不到。

乐观者说:是启明星,能告诉人们曙光就在前头。

第二个问题:风是什么?

悲观者说:是浪的帮凶,能把你埋葬在大海深处。

乐观者说:是帆的伙伴,能把你送到胜利的彼岸。

第三个问题:生命是不是花?

悲观者说:是又怎样,开败了也就没了。

乐观者说:不,它能留下甘甜的果。

突然,天上传来一个声音,也问了三个问题。

第一个:一直向前走,会怎样?

悲观者说:会碰到坑坑洼洼。

乐观者说:会看到柳暗花明。

第二个:春雨好不好?

悲观者说:不好,野草会因此长得更疯。

乐观者说:好,百花会因此开得更艳。

第三个:如果给你一片荒山,你会怎样?

悲观者说:修一座坟茔。

乐观者说:不! 种满绿树。

乐观者和悲观者对于同样一个问题却有着截然相反的答案,可见,决定一个人心情的,不是环境,而是心境。当一个人的心情阴雨密布时,看什么都不顺眼;当一个人欣逢喜事时,连花儿都笑得灿烂。

有个哲人曾说:"当你一个人哭的时候,只有你一个人在哭;当你微笑的时候,世界都在跟着你笑。"

很多人都知道境由心生的道理,却又常常被外境所困,以至于自己的心总被困在围城中。明心见性,看清自己的本心,才能找到症结所在,扫除心中的杂草,剪掉心中的死结,走出围城,心神通畅。所以,在面对人生烦恼的时候,最好的办法就是对身边的人时时微笑。

从前,有个人很喜欢自寻烦恼,总觉得活着没什么意义,终日诚惶诚恐,日益颓废忧郁。

有一天,他从朋友那儿打听到,在深山老林里有一位得道高人,他无所不能,充满智慧。于是,这人不计千辛万苦、路途劳累,到山上请求高人指点。

忧郁者问:"我终日郁郁寡欢,究竟应该怎么做才能过得快乐一点呢?"

高人说:"笑,学会对自己和他人微笑。"

忧郁者不明白地问:"我过得不好,生活很艰苦,根本没有笑的理由。"

高人捋了下白须,说:"第一次微笑时,不需要理由。你只要笑就好了。"

"那么第二次、第三次、第四次呢?都不需要理由吗?"

"你想得太多了,有了第一次,到第二次、第三次的时候,微笑就自己找上门来了。"

忧郁者豁然开朗,他充满谢意地向高人道了别。

其实,为人处世,带着一颗善良的心出发,总会有意想不到的结果。只要你懂得以微笑面对困境,以求得内心的和谐平静,就算生活在围城之中,你也能逍遥自在。

4.财富是外形，心才是快乐的根

常快活便是功夫。

——《传习录》

王阳明的学生陈九川卧病虔州，王阳明问他，病后是不是觉得格物穷理更加困难了？陈九川说，这个功夫确实太难了。王阳明告诉他："常快活便是功夫。"

人总会遇到一些不如意的事情：生病了、降职了、失恋了、失业了等，想到这些总是很难让人快活起来。在陈九川看来，格物穷理本就是一件很难的功夫，生病了就变得更难了。其实，先生的话是在劝诫他，快活不快活与外物环境没有太大的关系，主要在于内心。

物质环境的好坏，固然会影响到人的心情与思想。但有高度精神修养的人，同样也能够以自己的心去改变环境。如果没有立身处世的道德标准和精神修养，纵然有再多的财富、再好的物质环境，他也不会快乐。

从前有一个财主，家里有许多金银珠宝，他每天都担心这些金银珠宝会被别人偷去，因此饭也吃不好，觉也睡不着，活得很累。

后来，有人给他开了一个药方：要想获得快乐，就要去找一件快乐的人穿的衬衣，穿上这件衬衣后，快乐微粒就能进入他的体内，这样，他就会快乐起来。于是，财主决定出去寻找这件快乐的衬衣，他怕家里的金银珠宝被别人偷去，便将其全都带在了身上。

财主每天背着金银珠宝到处寻找快乐的衬衣，却一无所获，他自己也累得骨瘦如柴。一天，从前方飘来一阵悠扬悦耳的笛声，笛声欢快轻扬，财主顺着笛声找去，在田间见到了一位老农在吹笛子。财主说："老人家，你快乐吗？"老农说："当然了，如果心中不快乐，怎么能吹出这么快乐的笛声呢？"财主羡慕地说："我很羡慕你的快乐，我愿意用我背上的金银珠宝换取你的一件衬衣。"老农听了这话，又看了看财主背上的金银珠宝，脸上的快乐顿时便消失不见了，他哭丧着脸说："唉！我要是有件衬衣就好了。可恶的地主，我辛辛苦苦地给他种地，都头来却连一件衬衣都买不起。"财主听了这话，刚刚快乐起来的心情也变得沮丧了起来。

其实，每个人的心中都有快乐，财主却视而不见，反而到内心之外的世界去苦苦寻找，不但找不到，还被身上的金银珠宝累得瘦骨嶙峋。老农的快乐倒是发自内心的快乐，但他却没有意识到，而且也不珍惜，被财主的金银珠宝所诱惑，竟然糊里糊涂地将快乐舍弃掉了。

圣人与常人的差别在于，他们能够反省本身，从自己的内心中发现属于自己的快乐。而常人却做不到这一点，即便偶然做到了，也会很容易舍弃，因为他们经受不住凡世的诱惑。

王阳明之所以被称为圣贤，是因为他能够发现内心的快乐，并时刻保持着这份快乐。尽管在官场上连遭不幸，王阳明却能在蛮荒之地一日悟道，领悟心学的真谛。从此以后，王阳明沉浸在心学的研究和推广中，并且乐此不疲。普通人可能理解不了圣人的快乐，但王阳明知道，这就是他的快乐。无论在繁华的京城，还是在荒无人烟的地方，只要心不变，这份快乐就会长久存在。

快乐是一种身心愉快的状态，离苦得乐，是人最本质的需要。快乐很简单，它与一个人的财富、地位无关，它不需要大量的金钱去支撑，也不需要以名气为后盾，更不需要乌纱帽来提携。快乐只与一个人的内在有关，物质财富的获得可以让人获得快乐，但若处理不当就会成为人生的负累，使你的生活从此远离快乐，永无宁日。

　　从前在普陀山下有一个樵夫，他以打柴为生，整日早出晚归，风餐露宿，但家里仍然常常揭不开锅。他老婆天天到佛前烧香，祈求佛祖慈悲，让他们脱离苦海。

　　真是苍天有眼，大运降临。有一天，樵夫突然在大树底下挖出了一个金罗汉！转眼间，他就变成了百万富翁。于是他买房置地，宴请宾朋，好不热闹。亲朋好友像是一下子从地下冒出来似的，纷纷前来向他表示祝贺。

　　按理说，过上这样的生活樵夫应该非常满足了，可他却只高兴了一阵子，之后又变得愁眉苦脸，吃睡不香，坐卧不安。他老婆看在眼里，劝他说："现在吃穿不愁，又有良田美宅，你为什么还是愁眉苦脸的？就算是贼偷，一时半会儿也偷不完，你这个丧气鬼！天生就是受穷的命！"

　　樵夫听到这里，不耐烦了："你个妇道人家懂得什么？怕贼偷还只是小事，关键是十八罗汉我才得到了其中的一个，那十七只我根本不知道埋在哪里，我怎么能够安心？"妻子听后觉得有理，于是夫妻二人开始找其他金罗汉的藏身之所。就这样，他们每天都在寻找和失落中度过，生活没有片刻的宁静。

　　人生在世，名利钱财都是身外之物，即使时时刻刻永不停息、永无止境地去追求和索取它，也不会有满足的时候，还会因此而失去生活的宁静与快乐，得不偿失。快乐只是内心深处的富足，它像一缕清晨的阳光，既可以照亮自己，也可以照耀周围的人。那些身无长物的人，同样可以获得人生的快乐。

　　孔子说颜回："贤哉！回也。一箪食，一瓢饮，在陋巷，人不堪其忧，回也不改其乐。贤哉回也。"颜回短暂的一生，师从孔子，周游列国，虽有满腹经纶，德才兼备，但甘于贫苦生活而不改其乐，可以说是乐由心生的典型。

　　当我们哀叹命运不公，抱怨时运不济，以为只有得到名利才会快乐时，那真是一件可悲的事情。快乐其实很简单，它就住在每个人的心里，但需要你自己去寻找。王阳明曾经说过：乐是心的本体，只有心乐才是快乐的根。快乐不是霓虹灯下的买醉，不是一掷千金的快感。不放纵生命，不麻醉灵魂，珍惜生命的点点滴滴，才是快乐。拥有一颗感恩的心，感激生命，感激阳光雨露，忘却曾经的苦痛，快乐之情就会油然而生。

　　想要有所成就并且生活得逍遥自在、豁达明朗，首先就要努力使自己成为一个有道德教养的、有良好品格、有丰富心灵、有益于他人的人，这样才能有效避免那些使人沮丧和紧张的因素，充分享受工作和生活本身蕴含的乐趣，在任何情况下都保持一种"临清风，对朗月，登山泛水，肆意酣歌"的心境，陶陶然乐在其中，不亦快哉！

5.幸福源自内心的简约

　　但论议之际，必须谦虚简明为佳。若自处过任而词意重复，却恐无益有损。

——《静心录》

　　古人有句话叫"大道至简"，用今天的话说，就是"越是真理，越是简单"。

　　著名的美籍华裔数学家陈省身先生有一个很有趣的"数学人生法则"，数学的一个重要作用就是九九归一，化繁为简。智者的简单，并非贫乏或缺少内容，而是繁华过后的一种觉醒，是一种去繁就简的境界。

对于这一点，王阳明先生也有过相关的论述。他认为，文应该"谦虚简明"才好，不简明，过多重复，就有损无益了。虽然这句话原本说的是议论、作文的道理，但其中也蕴含着人生的道理。

人的一生会有许多追求：宽敞豪华的寓所；幸福美满的婚姻；让孩子享受最好的教育，成为有出息的人，努力工作以争取更高的社会地位，等等。为了满足内心的虚荣，我们在不知不觉中逐渐拥有了很多，但也负担了很多。纷繁复杂让生活失去了本来的意义。其实，幸福与快乐源自内心的简约，简单使人宁静，宁静使人快乐。

有位中年人觉得自己的日子过得非常沉重，生活压力太大，想要寻求解脱的方法，于是去向一位禅师求教。

禅师给了他一个篓子，要他背在肩上，指着前方一条坎坷的道路说："每当你向前走一步，就弯下腰来捡一颗石子放到篓子里，然后看看会有什么感受。"

中年人照着禅师的指示去做，他背上的篓子装满石头后，禅师问他这一路走来有什么感受。他回答说："感到越走越沉重。"

禅师说："每一个人来到这个世上时，都背负着一个空篓子。我们每往前走一步就会从这个世界上捡一样东西放进去，因此才会有越来越累的感慨。"

中年人又问："有什么方法可以减轻人生的重负呢？"

禅师反问他："你是否愿意将名声、财富、家庭、事业、朋友拿出来舍弃呢？"那人答不出来。

禅师又说："每个人的篓子里所装的都是自己从这个世上寻来的东西，但你拾得太多了，如果不能放弃一些，你的生命将无法承受。现在做好选择了吗？丢下什么，留下什么？"

中年人反问禅师："这一路上，您又丢下了什么，留下了什么？"

禅师大笑道："丢下身外之物，留下心灵之物。"

人生在世，无时无刻不受到来自外界的诱惑：有了功名，就会对功名放不下；有了金钱，就会对金钱放不下；有了爱情，就会对爱情放不下；有了事业，就会对事业放不下。当得到的东西太多了，超过了生命的承载力，这个时候，你该怎么办？留下什么，舍弃什么，选择变得尤为重要。稍有不慎，就会背上沉重的枷锁，与幸福擦肩而过。

世间万事转头空，名利到头一场梦，想通了，想透了，人就透明了，心就豁然了。名利是绳，贪欲是绳，嫉妒和褊狭都是绳，还有一些过分的强求也是绳。牵绊我们的绳子很多，只有摆脱这些牵绊心的绳索，才能享受到真正的幸福，体会到做人的乐趣。

现在的社会太过浮躁，人们习惯于把所有的东西都具体化，幸福也是如此。于是，人们打着"追求幸福"的旗号去追求所谓理想的生活，追求所谓刻骨铭心的爱情，追求金钱、名誉和地位。什么都有了，人们却因为被复杂而奢侈的生活蒙上了双眼，看不见最初想要追求的幸福。

人心会随着年龄、阅历的增长而越来越复杂，幸福却不会因此而变得更多，反而会在这纷复的内心中逐渐消失。幸福源自内心的简约，大凡简洁而执著的人都有幸福的人生。因为简约，才能在纷乱错杂中找到幸福的身影；因为简约，才能脚踏实地过好每一天。

人之所以不快乐，就是因为活得不够单纯。不要去刻意追求什么，不要去向生命索取什么，不要为了什么去给自己塑造形象，简单本身就是一种幸福。

6.以出世的心境做入世的事业

我亦爱山仍恋官。

——《静心录》

心学作为心性儒学,最不同于其他儒学的地方,在于其强调生命活泼的灵明体验。看似与佛学的心法修教十分相以,但佛学只求出世,而心学则主张用出世之心做入世之事,正是儒学所说的"内圣外王"。综观王阳明一生,平国安邦、著书立说、驰骋骑射,全无一般文人的懦弱单薄。他动静兼入极致,顿悟深远,知行合一,于平凡中体现伟大,从入世中明见其出世的心境。

王阳明的"有",是"大无大有",先无我才能真有我,因此,他对万事既不排斥也不沉溺。比如,在王阳明的诗歌中,我们可以看到他"我亦爱山仍恋官"。他既有强烈的建功立业的欲望,更想着他的"第一等事"——成为圣贤。成化三年,因为外祖父去世,王阳明跟随父亲回到老家。他白天跟随大家一起学习,晚上还自己品读经史子集。他的亲戚朋友看到他如此精进,都纷纷慨叹,后来总结出"彼已游心举业外矣,吾辈不及也",这也是老子说的"外其身而身存,后其身而身先"。

王阳明一生都得力于这种入乎其内、出乎其外的章法。老子说:"我愚人之心也哉,沌沌兮。"愚",并非真笨,而是故意表现出来的。"沌沌",不是糊涂,而是如水汇流,随世而转,自己内心却清楚明了。

俗人有俗人的生活目的,道人悟道人的生命情调。就道家来讲,人生是没有目的的,即佛家所说"随缘而遇",以及儒家所说"随遇而安"。随缘而遇的同时还要坚持个性，不受任何限制。身做入世事，心在尘缘外。唐朝李泌便为世人演绎了一段出世心境入世行的处世佳话，他睿智的处世态度充分显现了一位政治家、宗教家的高超智慧，该仕则仕，该隐则隐，无为之味，无可无不可。

李泌一生中多次因各种原因离开朝廷的权力中心。玄宗天宝年间，当时隐居南岳嵩山的李泌上书玄宗，议论时政，颇受重视，遭到杨国忠的嫉恨，毁谤李泌以《感遇诗》讽喻朝政，使李泌被送往蕲春郡安置，李泌索性"潜遁名山，以习隐自适"。

自从肃宗灵武即位时起，李泌就一直在肃宗身边，为平叛出谋划策，虽未身担要职，却"权逾宰相"，结果招来了权臣崔圆、李辅国的猜忌。收复京师后，为了躲避随时都可能发生的灾祸，也由于平叛大局已定，李泌功成身退，进衡山修道。

代宗刚一即位，便强行将李泌召至京师，任命他为翰林学士，使其破戒入俗，李泌顺其自然。当时的权相元载将其视作朝中潜在的威胁，寻找名目再次将李泌逐出。后来，元载被诛，李泌又被召回，却再一次受到重臣常衮的排斥，再次离京。建中年间，泾原兵变，身处危难的德宗又把李泌招至身边。

李泌所处的时代，战乱频仍，朝廷内外倾轧混乱，若要明哲保身，必须避免卷入争权夺利的斗争之中。心系社稷，远离权力，无视名利，谦退处世，顺其自然，乃李泌处世要诀。

人生究竟是什么？不过一杯水而已。上天给了每一个人一杯水，于是，你从里面饮入了生活。杯子的华丽与否显示了一个人的贫与富，杯子只是容器，杯子里的水清澈透明、无色无味，对任何人都一样。不过在饮入生命时，每个人都有权利加盐、加糖，或是其他，只要自己喜欢，这是每个人的权利,全由自己决定。在欲望的驱使下,你或许会不停地往杯子里加入各种东西,但必须适可而止,因为杯子的容量有限,并且无论你加入了什么,最终你必须将其喝完,无论它的味道如何。如果杯中物甘爽可口,你最好啜饮,慢慢品味,因为每个人都只有一杯水,喝完了,杯子就空了。

看透了人生的本质,便不会被繁华遮住双眼,人生不过一杯水,用出世的心做入世的事,便能充分品味水的甘甜。

印度有一位智者,学识渊博,德高望重,他有一个小徒弟,天资聪颖,却总是怨天尤人。

这天,徒弟又开始抱怨,智者对他说:"去取一些盐来。"徒弟不知师父何意,疑惑不解地跑到厨房取了一罐盐。智者让徒弟把盐倒进一碗水里,命他喝下去,徒弟不情愿地喝了一口,苦涩难耐。智者问:"味道如何?"徒弟皱了皱眉头说:"又苦又涩。"智者笑了笑,让徒弟又拿了一罐盐和自己一起前往湖边,把盐撒进湖里,然后对徒弟说:"掬一捧湖水喝吧。"徒弟喝了口湖水,智者问:"味道如何?"徒弟说:"清爽无比。"智者又问:"尝到苦涩之味了吗?"徒弟摇摇头。这时,智者语重心长地对他说:"人生中的许多事如同这罐盐,放入一碗水中,你尝到的是苦涩滋味;放入一湖水中,你尝到的却是满口甘爽。让自己的心变成一湖水,自然尝不到人生的苦涩。"

做人做事,都应如此,莫让心境局限在一个狭小的空间,心如大海,便可达到出世境界。身做入世人,心在尘缘外。

一个人能否成功,除了外界给予个人的条件外,还和个人的心态有关。就像王阳明一样,他可以"每日宴坐草庵中",也可以"我亦爱山仍恋官"。出世和入世很大程度上都取决于个人的心态。

7.前半生不要怕，后半生不要悔

人于生死念头，本从生身命根上带来，故不易去。若于此处见得破，透得过，此心全体方是流行无碍，方是尽性至命之学。

——《传习录》

每个人心中都有理想和愿望，有的人虽然很努力，但终其一生也没得到回报。但他们从来不后悔自己曾经付出的热情和汗水。他们勤勤恳恳，从不懈怠，一直执著于心中的所爱。他们不害怕未知的明天，也不遗憾于流逝的昨天，无憾无惧走完一生。

当年，王明阳被贬至贵州龙场，在这个荒凉之地居住着陌生的少数民族，王阳明过得非常艰难。同时，还有人派人追杀他，生活异常艰辛和危险的王阳明几次从杀手眼皮下逃脱。这时，王阳明觉得，名利得失早已看透，唯有生命还没琢磨透。为了参透生命的真谛，他做了个石棺，躺在里面，对自己说：顺其自然，等待命运的安排吧！这一刻，看透了生死的王阳明，悟透了生与死的意义：自己生前尽忠职守，为国为民鞠躬尽瘁，不遗余力，即使是死了也没有遗憾了。

王阳明的心学还秉承着"仁者与万物一体"论。追求大公无私的他，认为人们应该以天下为己任，事事皆关心，强调在国家利益面前，自我一定要统一于大我，只有具备这样的高度历史责任感，历史才能稳步前进。

很多年前，一个年轻人打算离开故乡到远方开创一片天地。他临走前去拜访本族的族长，聆听嘱咐。当时，老族长在练字，当他听说年轻人要到外面去闯荡时，写下了"不要怕"三个字。然后，族长抬头起来，对年轻人说："人生很简单，总结起来就六个字，先告诉你这三个字，你已经半生受用了。"带着族长送的"不要怕"，年轻人走出了故乡。很多年后，年轻人已到中年，事业也算小有成就，但他的内心却装满了惆怅。于是，他回到了家乡，并在第一时间去拜访了族长。但不幸的是，老人家几年前已经去世了，族长的家人将一封信拿给他，说："这是族长生前写下留给你的，他知道你会回来。"这时，中年人想起来，几十年前，他临走时，族长送他的人生秘诀只有一半，于是，他拆开信封，"不要悔"三个大字赫然在目。

族长写的六个字点透了人生。年轻时"不要怕"，对自己的理想和生活要勇敢地追求，不怕历尽千山万水，只要能坚持，就要不断努力，年轻的心应该充满勇气并且无所畏惧，就应该"走遍天下都不怕"。在用尽全力地生活，去追逐内心的梦想，尝遍了人世间的酸甜苦辣、喜怒哀乐，也明白了成功背后的酸甜后，老族长又告诉他"不要悔"。其实，我们人生的每一步都是独一无二的财富，这是生命对我们的馈赠，"得之我幸，失之我命"，踏实地走好生活的每一步，就算是过好了我们的人生。

年少的时候，没有经验，不知道该往哪个方向努力，凭的只是一股初生牛犊的勇气，假如这个时候缩手缩脚，就很难有所成就。等到我们阅尽人生，才能渐渐体会到人生中的遗憾和失落，许多不完美的心事和往事都会渐渐浮上心头。这个时候，我们最需要的是一颗无怨无悔的心。我们要不断地告诉自己：走过的都是路，唱过的都是歌，所有经历都只是一种结果。

儒家对于生命的态度就是所谓的"乐天知命"，人顺从"命"的同时还要实现上天赋予自己的使命，这才算尽了人事，如此，面对死亡时也就能心安理得了。王阳明对于生死的态度也是沿袭了儒家的这种思想，他说死无所怕，如若真有所不甘，也是生时未完成人生的使命，死才会有所遗憾。既然生时没有尽人事，那么死时再来悔恨也是无济于事，此时便要学会坦然地面对。

人生在世，每个人都想要了无遗憾地度过今生，每个人都希望自己所做的事永远都是正确的。但这只是一种美好的幻想，人不可能不做错事，不可能不走弯路。做错了事，走了弯路之后，能有积极的反省，也是一件好事，至少可以让我们今后的人生之路走得更稳健、更从容。因为反思，所以深刻；因为憧憬，所以希望。在过去和未来的交织下，才会有把握当下、不怕不惧、不喜不悔的人生。

不要怕，是说不要害怕明天的风雨；不要悔，是说不要后悔错过的霓虹。只要我们好好把握现在，珍惜此刻的拥有，找到活在当下的勇敢和执著，就一定可以收获美好的人生。

下篇

修身养性

曾国藩

第六章

恒字功夫
——当时，挺住就好了

1."恒心"的三层涵义

要想有所成就，就必须在"恒"字上下功夫。

"恒"有三层含义：第一层，就是我们常说的坚持，坚持不懈，毫不间断；第二层，就是只要认准了一件事，就必须全力以赴，把它做好；第三层，就是渐进，不断地积累、提高，这样才能积少成多、水滴石穿。

曾国藩的天资十分平庸，某些说法甚至说他略显鲁钝，而他的同僚左宗棠、李鸿章、胡林翼等人无不是人中龙凤。曾国藩既没有祖上的荫庇，又没有突出的资材，但最后却得到了"中兴第一名臣"和"中国最后一位儒家大师"的赞誉，究其原因，与他做事总是持之以恒是分不开的。

自然，曾国藩也不是一开始就能够做到做事有恒心的。一开始做事，他也坚持不下来，总是变来变去，这样总是一事无成，于是，他下决心改变，写下了《有恒箴》：

"自吾识字，百历洎兹。二十有八载，则无一知。曩之所忻，阅时而鄙。故者既抛，新者旋徙。德业之不常，日为物牵。尔之再食，曾未闻或惩。黍黍之增，久而盈斗。天君司命，敢告马走。"

意思是：从我认识字以来，经历许多事情，到今天已经28年了，却仍然没有什么见识。从前所喜欢的，过了一段时间就鄙弃了；旧的喜好已经抛弃了，新的喜好马上又改变了。品德学业的努力，不能持之以恒，却推说是外物的影响。你如果一而再、再而三地食言，不能改过，恐怕连所谓过错都听不到了。人应该有恒心，正如三升三升的增添，久了就会满一斗。上天主宰着命运，我发誓要有恒心，一言既出，驷马难追，永不食言。

曾国藩通过刻苦攻读，成绩优异，被咸丰皇帝授为翰林院庶吉士。对于一个农家出身的孩子来说，这已经实现了寒窗苦读的目标。到了这个份儿上，有些人可能就不会再继续花时间苦读了，他们会将更多的时间和精力用在人际交往上。然而，曾国藩并没有就此止步，他为自己制订了十二条课程，以多病之躯，十数年如一日坚持不懈地学习理学典籍和文史精华，融会古文训诂，进德修业，为后来出山成就一番轰轰烈烈的事业打下了坚实的基础。

除了自立的十二条课程外，他还要求自己，凡是读书的心得、人情的历练、本身的修养、诗文的创作，都分别记录下来，日积月累，就有了不小的收获。他从道光十九年(1839)六月起开始做诗文钞，并且开始写日记，从此后基本没有间断过。从咸丰十年(1860)六月起，更是一天都没有中断过，不管是在行军的途中还是在生病的时候。从这几件事上足可以看出曾国藩超人的、持之以恒的毅力。

勤奋是好事，但需要长期坚持下来才能见成效。这就像曾国藩的修身养性一样，他早年有不少性格和习惯方面的缺陷，比如爱和别人争口舌，暴躁易怒，玩物丧志，还有抽烟的恶习，这些要想改变是很不容易的。但是，曾国藩在唐鉴和倭仁两位理学大师的指导下，开始修炼"研几"功夫，及早地从自己的思想中发现不好的征兆和苗头，及时予以改正乃至剔除，让自己的思想始终沿着圣贤所要求的方向发展。为此，他每天把自己的意念和行事以楷书写在日记上，以便随时检点和克制。在这个过程中，他的修养、道德水平、学术水平都得到了提高。这本身就体现了"恒"的第三层——渐进，不断地积累、提高。

曾国藩说："凡人作一事，便领全剧精神注在此一事，首尾不懈，不可见异思迁，做这样想那样，坐这山望那山。人而无恒，终身一无所成。"

2."缓"字的妙处

《中庸》中说："人一能之，己百之；人十能之，己千之。果能此道矣，虽愚必明，虽柔必强。"意思是说：别人学一次就会了，我还不会，就学一百次；别人学十次就会了，我还不会，就学一千次。如果真能照这样子去做，就算再笨，也会变得聪明，即使再柔弱的人也会变得坚强。

这段话说明了一个很浅显的道理，那就是做任何事情都不能操之过急，都需要狠下功夫，功到自然成。很多事情不是一次就能做成功的，但做十次，总会有一次成功，做一百次就可能成功十次、二十次。只要你功夫做到家，成功自然就会出现。很多时候，人们总是抱怨自己的付出没有回报，抱怨自己头脑笨，什么都做不好，其实，导致这些结果的真正原因

121

就是功夫不到家，基础不牢固，因而在事情到达一定程度后难以"百尺竿头，更进一步"。

曾国藩一生坚守自己的理想和目标，一生追求进德修身，没有一天放松过。而且在他平步青云之后，反而进一步加强了对自己的要求，行事更加谨慎小心，稳扎稳打。他说："事以急败，思因缓得。"他办事主张从长远考虑，稳中求成，这是他的高明之处。因为考虑长远，就不可不慎，办起事来更应有计划、按部就班地去做。如果贪图迅速，个别地方可能有利，对大局而言却可能造成不利影响。

曾国藩于同治二年(1863)十一月起至同治三年(1864)四月初五日短短半年时间内，五次告诫曾国荃道："望弟不贪功之速成，但求事之稳适。""专在'稳慎'二字上用心。""务望老弟不求奇功，但求稳著。至嘱！至嘱！"其实，只过了一个多月，金陵就被湘军占领。曾国藩在临胜前的这些叮咛，应是针对急功贪利的曾国荃的一剂攻心药，同时也说明"稳慎"在曾国藩的战略思想中是一以贯之的。

他称赞萧启江道："阁下一军，向以'坚稳'二字著名。"咸丰十年(1860)正月，当湘军正在迅速进军时，他写信给胡林翼说："十一日全军获胜后，罗溪河实已无虞。山内一军，其妙无穷；脑后一针，百病皆除。但此后仍当以'稳'字为主，不可过求速效。"

俗话说，心急吃不得热豆腐。曾国藩用兵最反对过速，因为太快就会欠考虑，一有失误，就可能招致惨败。而且，因为士兵素质不同，若进兵太快，就很难保证全军跟上。如果出现孤军深入的情况，那几乎必败无疑。僧格林沁攻打捻军，败就败在"速"字上。捻军最善于打运动战，在平原上将清军拖得筋疲力尽，各部队被分割开来，前后相差数百里。僧格林沁率5000人马尾追，中了捻军埋伏，全军覆没。曾国藩一反其道，以"缓"字为主，绝不轻进。

同治七年(1868)八月,他给部下的批文中说:"仰速即坚筑营垒,挖壕订桩,以待贼来扑我,我乃缓缓起而应之。断不宜出击贼。一面多办米粮,以备缓急。"此外,曾国藩还以"无欲速,无见小利"告诫部下,作为用兵、办事的秘诀。

即使是在理财上,曾国藩也守一"缓"字。同治元年(1862)十一月,他给部下黄芳写了一封信,信中说:"自来理财之法,未有无中生有者,虚空腾挪,岂能恃为不竭之府?浮光掠影,百弊丛生。兹欲截断众流,莫如脚踏实地,洁己奉公,乃正本清源之道……渐次整顿,不在过求速效。"可见,"不求速效"是曾国藩理财的一个重要原则。

曾国藩还将"缓"字诀传授给他人。1860年正月,胡林翼要给朝廷上奏折,寄前将稿本送与曾国藩,曾国藩回信说:"折片各稿读过,此次于鲍(超)之坚忍处,平平叙去,不过烘托,亦好。盖近日各统领专看折奏中出语之轻重,以权其效力之多寡。往往正在酣战之际,忽见一折叙事甚不如意,遂废然不肯向前者有之。此折若不保人,或再缓数日始发,亦好。如此雨雪,似正月尚不能开大仗者。粤捻之交,不能久固,缓战亦我之利也。"由于担心奏折寄发后影响将领情绪,因此曾国藩主张缓一缓再寄。等时机更好再发,情况有变,还可随机改动,而一旦发出,则覆水难收了。

这年闰三月,郭嵩焘在京为官不顺,奏请辞职归乡养病。其实他并不愿如此,但胡林翼写信劝他速归,这才决定上疏辞归。对此,曾国藩很不满意,他认为这太过于心急了,恐怕会有消极影响。他在给郭嵩焘之弟郭昆焘的信中说:"鄙意却嫌其太速,既已入直,即宜回翔一半年,再行引退,庶山左之风波大定,而一身之进退有余。今如此毅然,恐又非了局。"

其实,郭嵩焘仕途不顺,跟他过于急切的性格有关。湘军集团中,初期郭嵩焘出力甚多,却未得大任。后来郭嵩焘任驻外公使,又因急切倡导西方新政,而被举朝骂为卖国贼,有人竟主张杀之以谢天下,郭嵩焘最后因此郁郁而终。

古时候有一个讽刺小故事,说的是有一个富翁大兴土木,想要造一栋三层楼高的房子。他看见工匠们打了很深的地基,又在地面上立柱砌砖,连忙跑了过去,对工匠们说:"我要的是第三层,下面的一、二层我不要,你们这样做不是太浪费了吗?

很多人看了这个故事都会笑这个富翁傻,没有一二层,哪儿来的第三层呢?其实,不光这个富翁,我们很多人也会犯类似的错误。当你只盯着结果的时候,这个毛病或者说是错误就不请自到了。本来是十步才能走到,你想三步并作两步就到达,结果不是拉伤了自己的腿,就是因为太急而摔了跟头。

大凡成大事者,都不会太在意眼前的利益或暂时的损失,他们一步一个脚印地稳步前进,最后收获的是最大的利益。

3.把"屡战屡败"换成"屡败屡战"

我们常说"失败是成功之母",是因为失败可以为下一次的成功提供宝贵的经验和教训,增加下一次成功的概率。很多人没有成功的一个很重要的原因是他们缺乏意志力,无法在遭遇困难或者暂时失败的时候,及时调整心态,重拾信心从头再来,而是产生了畏难情绪。

在湘军建立初期,曾国藩屡遭挫败,作战老是吃败仗。咸丰四年(1854)初,湘军练成水陆师1.7万人,会师湘潭。他撰檄文声讨太平天国,誓师出战,向西征的太平军进攻。四月初二凌晨,曾国藩指挥湘军水陆师沿湘江北上，浩浩荡荡向靖港进发。然而，首战即遭遇太平军的埋伏，水军险遭歼灭。

曾国藩大败之后，再埋头募兵练兵，原来的老湘军只剩4000人，他陆续增至水陆两师2万多人，修造舟船，配备炮械。咸丰四年六月中旬，曾国藩再次指挥水陆二师北上，发动湘军的第二次攻势。7月1日，湘军水师克复岳州的胜利让曾国藩喜不自胜，但不久又陷入了包围之中，结果损失了上百条战船，官兵阵亡好几百人。这次惨败，不仅让他的手下大将褚汝航送了命，还把他攻克岳州、三次大挫太平军的汗马功劳给一笔勾销了。

其后，曾国藩率军攻打九江城。面对石达开的铜墙铁壁，曾国藩心生一计，命水师精兵2万余人，清除了鄱阳湖口障碍，冲入湖中。没想到这正是石达开的诱敌之计，他一声令下，只听一阵锣响，湖口两侧太平军工兵齐出，飞速设卡筑垒，断了大队水师的归路，使实力雄厚、所向披靡的湘军水师在湖里湖外被斩为两段。曾国藩辛苦经营多年，视为百战百胜无上法宝的水师，被石达开略施小计，一次袭击，就损失了一半有余。

不久，石达开用100多只小船突击湘军水师，火弹喷筒齐发，满江密布火网，曾国藩麾下的战船纷纷起火燃烧，一队舢板直扑曾国藩所在的船，曾国藩被护卫救上小舟，仓皇逃到陆上，投奔罗泽南的大营。他所坐船上的管驾官、监印典吏、两名把总、无数卫士全部被杀，水师全溃，将士四散奔逃，湘军的文卷册牍、粮台银两都落入了太平军之手，这一战，湘军水师100多号战船被烧得精光。

此役后，曾国藩上书朝廷报告军情时称湘军屡战屡败，请求严惩。其左右建议曾国藩把"屡战屡败"换成"屡败屡战"，曾国藩接受了这个建议。

同样的四个字，只是稍微颠倒了一下顺序，意思却发生了非常大的变化。"屡战屡败"体现出的是心灰意冷，意志消沉的悲观情绪，而"屡败屡战"反映出的则是一种毫不气馁、百折不挠的顽强意志。

当朝廷看到他所写的奏章后，认为曾国藩虽然连遭失败，但仍顽强地战斗,其忠心可嘉,不但没有严惩他,反而更加重用他。曾国藩也从中得到了鼓舞,振奋精神,重新整顿军务,与太平军血战。最终,湘军成功攻破天京城,成为清政府镇压太平天国起义的一位有功之臣。

我们应该清醒地认识到,所有的成功都来之不易,都需要付出很大的代价,都需要恒心和毅力。

也许我们的人生旅途上沼泽遍布,荆棘丛生;也许我们追求的风景总是山重水复,不见柳暗花明;也许我们前程的信念会被世俗的尘雾缠绕;也许我们高贵的灵魂暂时在现实中找不到寄放的净土……那么,我们为什么不能以勇敢者的气魄,坚定而自信地学习曾国藩,把"屡战屡败"调整为"屡败屡战"呢?

4.人生沉浮,全凭一个"挺"字

人的一生需要"挺过"许许多多、大大小小、接连不断的关口,才能为自己的人生迎来更加广阔的发展空间。"挺"包含着坚持、坚强、坚忍、坚挺等多重含义。挺,表现的是一种自信、坦然、淡然、奋发、积极、进取、拒绝失败、拒绝消沉的精神品质。拥有这样精神品质的人,必然会成为事业和生活中的强者。

曾国藩的一生,凭借一个"挺"字,在困厄中求出路,在苦斗中求挺实,历尽劫波,以坚韧挺劲的无畏精神而成就了"天下之大功"。

在曾国藩看来,"挺"就是"坚忍"。他总对属下官员说:"我年轻时喜欢与人挺着干,现在老了,不挺了,也就没有什么功绩了,看来还得挺。所以,你们要记住,世上的事能不能胜,就看你挺不挺得住。"

失败和挫折是生活中的一种常态,无可避免,必须挺过去,才能真正战胜它们。

对曾国藩来说,他的"挺",首先体现为积极入世,躬身入局。

曾国藩以郭子仪勇赴国难,任国家驱使,不计个人荣辱为榜样,树立了勇于进取的人生态度。当太平天国崛起,清廷面临危亡时,他接受召唤,挺身而出,编练湘军。功成之后,又奉命剿捻。剿捻不力,他并未灰心,自愿留营效力,"以散员周旋其间,维湘、淮之军心,通吴、楚之血脉,不作置身局外之想"。他回两江总督任上,依旧尽职尽责。后来接任直隶总督,办理"天津教案",虽然引得众多非议,但他不怕困难,积极承担责任,为国家贡献力量的精神,是很值得提倡的。

古人云:"成大事功,全仗着赤心斗胆,有真气节,才算得铁面铜头。"曾国藩可谓承担得起此一说了。

其次,曾国藩的"挺"体现了他的大公无私和忠肝义胆。

在面对咸丰皇帝点名出兵抗击太平军的圣旨面前,曾国藩冒死"挺"住了。这一"挺",不仅为他赢得了朝廷的信任,也为他赢得了壮大力量的机会。曾国藩知道,面对已成燎原之势的太平军,他不可能在短期内训练出一支能与之抗衡的军队。湘军刚刚组建,用这样的军队去和太平军作战,无异于以卵击石。于是,曾国藩选择了"挺"——抗旨不出兵。任凭圣旨的措辞多么严厉,他都拼命"挺"着。后来,他的老师、湖广总督吴文镕发来求救信,于公于私,他都应该出兵相救,但他仍然坚持不出兵,就是因为担心自己好不容易建立起来的军队毁于一旦。当然,就像他抗旨会上书忠肝义胆、血诚赤心的奏折感动咸丰皇帝一样,他也给他的老师写信说明了不能出兵的道理，不但说服了老师，老师还反过来劝他要稳重。

曾国藩的"挺"既是一种谋略，也是对心理素质的考验。曾国藩的"挺"展现了他大公无私的精神和稳慎的为人之道，这些都是他成就大事不可缺少的品质。

最后，曾国藩不光在这些大事上展现了"挺"功，在生活中也有很好的表现。

曾国藩生下来就患有顽固性皮肤病，也就是我们现在说的牛皮癣，发作时痛痒难忍。曾国藩几乎每天都忍受着这种折磨，但他仍然南征北战，丝毫不影响治军作战。对此，他谈笑自若。如咸丰十一年（1861）六月，他给李续宜的信中说："敝疮亦小愈，然手不停搔，颇以为苦。郑板桥有言：'隔靴搔痒，赞亦可厌；入木三分，骂亦可感。'阁下既吝此'隔靴'之赞，鄙人当自为'入木'之爬。何如，何如？"语言诙谐幽默，但其所受之苦绝非别人可以想象。

在曾国藩的一生中，很多重要的关口，他都是靠"挺"顺利闯过去的。无论是军事上的失败，还是官场上的谗言、猜忌，他都靠顽强的意志"挺"了过来，重新振作，转败为胜。

曾国藩在日记中写下了自己的体会："天下事未有不自艰苦得来而可久可大者。""天下断无易处之境遇。"可见，能成就事业的人物，必须具备与困难作斗争的意志。

他还提醒、教导身边的人也要在面对困难时挺住。他给湘军名将刘松山接连写过两封信："凡享有大名者，无不从坚忍艰苦而成。""古来大有为之人，每于艰险之时，坚忍支撑得住，可做非常事业。"

在给自己的学生黎庶昌的信中,他也说过类似的话:"从古奇人杰士类皆由磨砺中来。艰巨杂役,磨砺也;米盐繁琐,亦磨砺也。"

同治三年(1864),曾国藩给江西一候选县丞也讲了这番话:"古来忠臣孝子,多半是处逆境磨炼出来的。若一片顺境,有何难处?"

李鸿章人虽聪明,却缺乏坚忍之气。同治六年(1867),李鸿章接替老师曾国藩镇压捻军,开始时连吃几次败仗,形势棘手,他自己也有些慌乱。曾国藩的一席话使他有了主心骨。曾国藩在信中说:"军事棘手之际,物议指摘之时,唯有数事最宜把持得定:一曰军律不可骚扰;二曰奏报不可讳饰;三曰调度不可散乱。譬若舟行遇大风暴,只要把舵者心明力定,则成败虽不可知,要胜于他舟之慌乱者数倍。"

两个月后,曾国藩仍不放心,又给李鸿章写了一封信,说:"事机不顺之际,要当宽以居之,静以待之,不可过于焦急……今阁下当此艰危之局,望将躁急郁迫之怀扫除净尽。"

两封信的一个共同主题,都是提醒李鸿章要挺住。

"挺"的精神,曾国藩称之为竖起骨头,竭力撑持。他手书的对联"养活一团春意思,撑起两根穷骨头",是对"挺"的上佳诠释。

"挺"意味着担当,意味着承担更大的责任,意味着你会失去很多,意味着你要承受更大的磨难,意味着你坚信自己的力量,意味着你要坚定自己的目标……意味着你只要"挺过去"了,就会赢得一切。

一位女儿对父亲抱怨,说她已厌倦抗争和奋斗,想要自暴自弃了。

她的父亲把她带进厨房,分别往3只烧开了水的锅里放了胡萝卜、鸡蛋以及咖啡粉。大约20分钟后,父亲把火关了,问女儿,"亲爱的,你看见什么了?"

见女儿一脸疑惑,父亲解释道:"这3样东西面临同样的逆境——煮沸的开水,但其反应各不相同。胡萝卜入锅之前是强壮的,但进入开水之后,它变软了;鸡蛋原来是易碎的,但是经开水一煮,它的内脏变硬了;咖啡粉最独特,进入沸水之后,它们改变了水。"

"哪个是你呢?"他反问女儿。

当逆境找上门来时,你该如何反应?你是胡萝卜、鸡蛋,还是咖啡粉?

面对逆境,有的人自暴自弃,有的人却越挫越勇。许多人能够获得成功和进步,并不是因为他们经历的逆境少,恰恰相反,他们遭遇的磨难比普通人多得多。美国的《成功》杂志每年都会评选当年最伟大的东山再起者,他们的传奇经历中都有一个共同点,那就是他们在遇到难以克服的困难时始终保持乐观的态度,从不轻言放弃。许多成功者正是在逆境、困难的磨炼中成长起来的。无数事实证明,人越能在身处逆境时激发活力、释放潜能,就会变得越优秀。

我们应该学会以平常心来对待矛盾和困难。矛盾无时不在,无处不有。活着,就是遇到困难、克服困难、再遇到新困难、再去战胜困难的过程。不断战胜困难、超越自我,正是生命的意义所在。中国女排前主教练陈忠和说得好:"人生就像打牌,当你拿到一副不好的牌却能打好时,这才能体现人生价值。"

5.深藏不露,是对自己最好的保护

梁启超先生说曾国藩"有超群轶伦之天才,在当时诸贤杰中,称最钝拙"。曾国藩自己也说:"自以秉质愚柔,舍困勉二字,别无他处。"又说:

"吾乎生短于才,爱者或以德器相许,实则虽曾任艰巨,自问仅一愚人,幸不以私智诡谲凿其愚,尚可告后昆耳。"一个位极人臣、被人称为"圣人""完人"的人,难道果真是愚钝的吗? 显然不是,这不过是曾国藩智慧的处世之道罢了。

曾国藩不仅不愚钝,还可被称为"才高八斗"。他的"愚钝说"其实是一种收敛,一种蓄志,一种大智若愚。洪应明的《菜根谭》中有句话叫"矜名不若逃名趣"。这句话的意思就是说:一个人喜欢夸耀自己的名声,倒不如避讳自己的名声显得更高明。

年少的曾国藩就有很好的涵养,他不会像别的孩子那样一语不和就大动干戈、拳脚相加,他表现出了少年人难得的忍让和稳慎。他时常以《中庸》中的"圣者无名,大者无形。鹰立如睡,虎行似病"来训诫自己,让自己时时保持低调,即使具备鹰的凌厉、虎的勇猛,也不轻易外露,更不以自己的学识和家世欺人。

他有一位同学性情比较暴躁。有一次,那个同学看到曾国藩的书桌放在窗前,就说:"我读书的光线都是从窗户那里来的,你的桌子挡住了我的光线,赶快挪开!"曾国藩什么话也没说,就把桌子移开了。曾国藩晚上点灯用功读书,那个同学又说:"平常不念书,夜深还要聒噪人吗?"曾国藩又只好低声默诵。

后来,曾国藩中了举人,那个同学知道了,大怒道:"这屋子的风水本来是我的,反叫你夺去了!"其他的同学都替曾国藩打抱不平,但曾国藩自己却和颜悦色,毫不在意,跟没事人一样。

曾国藩的一生都保持着如此低调的态度,最终却得到了高人一筹的结果。

低调对待他人的敌意,并不是胆小怕事、懦弱、不顾自己的尊严和原则,而是一种自我保护,避免自己卷入更大的灾祸中。事实上,只要不是原则性和危及生命的伤害,就没必要和人一争短长;只要对方的攻击能够被自己控制在一定的范围内,就没必要大动干戈。你的低调会让对方的重拳如同击在棉花上一般,没有着力点,自然也就不会对你造成伤害。

荀攸是曹操的重要谋士,智慧超人,为曹氏统一北方、建立功业做出了重要的贡献。他为官20余年,地位始终稳固,在政治漩涡和极其残酷的人事倾轧中能够立于不败之地,原因就在于他能谨以安身,避招风雨。

有一次,荀攸的姑表兄弟辛韬曾问及他当年为曹操谋取袁绍冀州的情况,他极力否认了自己的谋略贡献,说自己什么也没有做。

曹操如此称赞荀攸:"公达外愚内智,外怯内勇,外弱内强,不伐善,无施劳,智可及,愚不可及,虽颜子、宁武不能过也。"荀攸与曹操相处20年,深受宠信,也未见有人进谗言加害于他。这都是荀攸懂得收敛锋芒、低调处世的结果。而孔融、杨修虽也有智谋,却因不懂低调做人,锋芒毕露,都不得善终。

如果在做事情时,过早地将自己的底牌泄露出去,就很容易受制于人,无法掌握主动的结果,就是被人牵着鼻子走。所以,人们一般都会紧紧地捂住自己的底牌,甚至故布疑阵,施出障眼法来混淆对方。

对一个有着远大志向的人来说,当实力不足时,最要紧的就是积蓄力量。

《易经》乾卦中的"潜龙在渊",告诉我们的就是上述道理。它指出,君子要待时而动,善于保存自己,不可轻举妄动。人类社会向来都是靠实力说话,没有实力就没有话语权。因此,一个人要成大事,就不能过早地暴露自己的实力,以免成为别人的靶子。隐藏自己,积蓄力量,待羽翼丰满了,才更容易一飞冲天,青云直上。

老子告诫世人:"不自露,故明;不自是,故彰;不自夸,故有功;不自矜,故长。"这句话的大意是:一个人不自我表现,反而显得与众不同;一个不自以为是的人,会超越众人;一个不自夸的人,会赢得成功;一个不自负的人,会不断进步。做人也要谨记这一点,深藏不露才是对自己最好的保护。

6.以退为进是真智慧

很多时候,表面上的前进并不一定就是真的前进,还可能是一种后退;同样,表面上的后退未必就是真的后退,也可能是为了更好地前进而做的一种准备。

曾国藩一生低姿态行事,却取得了别人难以媲美的成就。他很懂得妥协退让之道,总是在事情出现危机时,适时做出退让,使自己得以喘息,并积极寻求解决问题的办法和机会。这一进退之策,帮助他多次化险为夷,并成功地实现战略反击。

随着湘军在对太平军的作战中连战连捷,曾国藩以及湘军的名气、地位越来越高。尤其是在攻破南京城后,将士们弹冠相庆,静等朝廷的封赏,有的人甚至口出狂言、居功自傲。但低调的曾国藩此时很清醒,他清楚地认识到了自己的处境:一方面,他确实为朝廷立下了汗马功劳,另一方面,他也确实成了朝廷的心病,成了朝廷必须防范的人。他的位高权重,拥兵几十万,使皇权受到了极大的威胁。所以,朝廷在嘉奖的同时,也采取了排挤、压制的策略。比如,不轻易授予曾国藩集团成员军政实权,并派人监视其军事行动；在军事部署上进行压制，把由绿营兵组成的江南、江北大营部署在攻占天京、获取扫灭太平天国首功的位置，而让湘军去打那些疲于奔命、劳而无功的外围战；限制湘军粮饷，即使是自筹粮饷，也会受到朝廷的多方阻挠。

尽管有一肚子的委屈，尽管手下众人叫嚣着背叛，但信奉忠诚的曾国藩没有丝毫的反意。当然，他并不愿意就这样受委屈，他也想争口气。于是，他采取了以曲求伸、以退为进的自全之策。

首先，他对朝廷的各种打压、排挤都表现出了恭顺的态度，没有丝毫怨言，把所有的委屈都吞进了肚子里，让人看到的始终是一张笑脸，以此尽可能消除朝廷的猜忌之心。但是，朝廷对他封赏的出尔反尔，让他意识到总是退让也并非善策，要以退为进，开始"反攻"。

其次，他从稳定湘军集团内部入手。由于湘军主要头目几乎都是同乡、同窗、师生及亲朋故旧，兄弟同任头目的现象也很普遍，而各姓之间又往往以联姻或其他方式建立起更为复杂的社会关系。这样一来，曾国藩集团各首脑头目之间彼此瓜连藤绕、沾亲带故，使湘军集团形成了铁板一块，朝廷也不敢轻易对其下手。

再次，他大造舆论声势。湘军自然不敢公开攻击朝廷，但对朝廷所重用的顽固派官僚，他们却肆无忌惮地予以贬抑。另外，他们开始"自我吹捧"，为自己争取主动，即使朝廷怪罪下来，也能以"名满天下，谤亦随之"为借口，巧妙地搪塞过去。

最后，他对"客寄虚悬"的处境极为不满，必欲揽到地方实权而后快。他坐镇湖南，让其部众造言"涤公未出，湘楚诸军如婴儿之离慈母"，绝不服从其他任何人的指挥调度。咸丰十年(1860)春，太平军攻破江南大营。胡林翼抓住时机大造舆论："朝廷能以江南事付曾公，天下事不足平也。"他又设法利用郭嵩焘等人打通肃顺的关节，终于达到目的，当上了两江总督。

古今中外的退让，皆以勃发成功为目的，但更明显的共同之处是等待成熟时机的到来。时机不成熟就贸然行动，不但会使隐忍的功夫和成果毁于一旦，更会使规划好的宏图大业的目的暴露于敌人的火力之下。

曾国藩经常给家人和下属讲这样一个故事：

有一家人，一天，家中的老翁请来了一位贵客，准备留这位贵客在家吃饭。一大清早，老翁就叫儿子到市场上去买菜。但是，时间已近中午，儿子还没有把菜买回来，老翁很着急，就到窗口去看，只见在离家不远的地方，在一条田埂上，儿子正挑着菜担子与一个挑着京货担子的人面对面地站着，互不相让，僵持在那里。

看到这种情况，老翁急忙出门，赶上前去婉言说道："老哥，我家中有客，待此用餐。请你往水田里稍避一步，待他过来，老哥也可过去，岂不是两便么？"

那个人说道："你叫我下水，怎么他下不得呢？"

老翁说："我儿子个子矮，要是下到水里，担子里的菜就会被水浸湿。老哥个子高，即便下到水里，你的货物也碰不到水。因为这原因，我才请你让一下。"

那人说："你儿子的担子里不过是些蔬菜果品，就是浸了水也可以将就着吃。我的担子里全是京广贵货，万一沾上一点水，就不值钱了。我的担子比你儿子的担子贵重，怎么叫我让路呢？"

老翁想，与其在这里浪费时间劝告，还不如主动示弱，便说："这么办吧，我下到水田里去，你再将货担交付与我，我顶在头上。请你空身从我儿旁边过去，我再将担子奉还。怎么样？"并且当即低下身子解袜脱履。那个人见老翁如此，反而觉得不好意思，说道："既然你已让步，我也没有道理占强，干脆我下田吧。"

与人方便，与己方便，两不耽误，老翁在妥协中赢得了时间。

曾国藩是想通过这个故事告诉家人和下属：退让，可以赢得扭转不利形势的机会。军事上有"进攻就是最好的防守"的战术思想，一味死守未必守得住，只有顶出去才能让敌人尽可能远离自己的阵地，使敌人有所顾忌，从而牵制敌人的进攻，达到防守的目的。同理，为了达到前进的目的，有时候就要做出一定的妥协、退让，麻痹对手，然后通过迂回策略取得实际意义上的前进。

7.坚守自己的屈伸原则

一个人想要做成大事，不但要有明确的目标，还要有把握时机的能力，以及明确进退的明辨能力。如果光有明确的目标，但不能够把握住机会，那就只能对着目标望洋兴叹了。

为了大目标的实现，我们需要坚守自己的原则，知道自己什么时候该退，什么时候该进。

当年，曾国藩努力地在衡州编练水陆两军，打算在打造出一支训练有素的军队之后，再出省作战，去剿灭太平军。此时水陆两军刚成立不久，还没有经过严格的训练，战斗力很有限，根本无法和太平军抗衡。

但朝廷却等不及了，正规军的节节败退令朝廷不再抱有希望，转而将希望寄托在曾国藩身上。因此，朝廷不断发来征调谕旨，要曾国藩出兵。曾国藩此时表现出了自己的英明果敢，他冒着被治罪的危险坚守不出。这让咸丰皇帝十分恼火。

当曾国藩面对太平军西征,提出四省联防、合力堵围的措施时,咸丰皇帝便讥讽曾国藩不过是无知书生的好高骛远和自我吹捧罢了,根本没有能力去打败太平军。

面对咸丰皇帝的嘲讽和高压,曾国藩十分为难:若听其调遣,一段时间以来的心血及努力必将付诸东流;不听调遣,万一惹怒了朝廷,则很可能引来杀身之祸。

后来,曾国藩分析形势,知道朝廷的大患是太平军,虽然急于镇压,但还需依靠曾国藩的军队,不至于痛下杀手。因此,为了能够最后一举成功,曾国藩在接到谕旨后,依然拒绝出省作战。在陈述其不能出征的诸种理由之后,曾国藩还激昂地表示:

"此次奉旨出省,徒以大局糜烂,不敢避谢,然攻剿之事,实无胜算。臣自维才智浅薄,唯有愚诚不敢避死而已,至于成钝利败,一无可恃。皇上若遽责臣以成效,则臣惶悚无地,与其将来毫无功绩受大言欺君之罪,不如此时据实陈明受畏葸不前之罪。臣不娴武事,既不能在籍终制贻讥于士林,又复以大言偾事贻笑于天下,臣亦何颜自立于天地之间乎!中夜焦思,但有痛哭而已。伏迄圣慈垂鉴,怜臣之进退两难,诚臣以敬慎,不遽责臣以成效。臣自当殚尽血诚,断不敢妄自矜诩,亦不敢稍涉退缩。"

咸丰皇帝看了奏折以后,深为曾国藩的赤胆忠心所感动,在朱批中安慰到:"成败利钝不可逆睹,然汝心可质天日,非独朕知。"

曾国藩为坚持"志其大得",不仅拒不执行咸丰皇帝的谕旨,同时也对处于危困之中的师友江忠源、吴文镕等的求援于不顾。虽然局势急转直下,但他坚持不可草率出省作战,赢得了编练水陆两军的时间,为其日后一举独立镇压太平天国奠定了基础。

有时候,退一步便可以创造更好的机会。退让并不代表胆怯、弱小,能进能退、能屈能伸是明智的行为。

古人形容"能屈能伸为大丈夫",可见大丈夫行事,理应有进有退。退的目的是什么?是为了更好地进攻。战斗打起来,就需要战士有韧性,没有韧性的战士终究会失败。

作战如此,生活中的为人处世更是如此——"退"是为了"进",不管怎么退,只要最终的结果是进就可以。这是自我表现的一种艺术,也就是所谓的"暂时的让步是为了更好地选择"。

8.身处顺境,更需要保持低调

也许,你会觉得尽藏锋芒很痛苦,但你要清楚,上司提拔你可能要费点力,可打压你却是举手之劳。因此,你要懂得先保护自己,收敛锐气,待时机成熟再锋芒毕露,一鸣惊人,减少中途夭折的危险。

很多人只看到了曾国藩位极人臣的辉煌,而忽略了这辉煌背后的种种艰辛和磨难。曾国藩在仕途上并非一帆风顺,如咸丰七年(1857)被迫家居,同治六年(1867)因剿捻不力而被撤职,这些对他都是很大的打击。但他并不气馁,坚持静待时机。

咸丰二年(1852)底,曾国藩奉旨以在籍侍郎的身份兴办团练,开始了新的人生道路。而他面对的却是重重压力,不仅要与太平天国斗,还要同湖南的官员斗,大有四面受敌之感。曾国藩初办湘勇的日子过得很是艰难。

咸丰三年(1853)九月的一天,驻扎在长沙的绿营兵与曾国藩的练勇发生了严重殴斗,曾国藩非常生气,想杀一两个绿营兵,压压他们的气焰,便给湖南提督鲍起豹发去咨文,指名索捕闹事的绿营兵。这一下激怒了鲍起豹，他故意大造声势，公开将肇事者捆送到曾国藩的公馆，看他这个团练大臣怎么办。绿营兵见状，气势汹汹地冲进曾国藩的公馆，差点儿将曾国藩打死。狼狈不堪的曾国藩只得向湖南巡抚骆秉章求救。但骆秉章看不起曾国藩，早就对他在办团练过程中表现出来的"非官非绅"身份不满，所以不但不安慰他，反将肇事者放了回去。事后，谣言四起，说是曾国藩插手湖南官府的兵权才闹出事，完全是咎由自取。但曾国藩为了自己的报国剿匪之志，不计较骆秉章等湖南地方官员的拆台、掣肘，低调地与之周旋。

除了湖南的地方官员排挤，咸丰皇帝的不信任有也让曾国藩倍感压力。有人向咸丰皇帝报告说，曾国藩一呼百应，跟随的人很多，质疑他是否会割据一方，进而问鼎中原。咸丰皇帝听后，"默然变色者久之"。

面对来自各方面的压力，曾国藩一肚子委屈只能往肚子里咽。幕宾曾劝他将所受到的湖南地方官员掣肘之事据实上奏，他却说："为臣子者，不能为国家弭平大乱，反以琐碎事来烦扰皇上，我内心十分不安。难道惹不起还躲不起吗？三十六计，走为上计，不如到衡阳去。"他还说："岳州之败、靖江之败、湖口之败，盖打脱牙之时多矣，无一次不和血吞之。……唯有一字不说，咬定牙根，徐图自强而已。"

古人说"小不忍则乱大谋"，一点都没错。洪秀全的失败与他不能"忍"是分不开的。革命尚未成功，已忍不住开始享乐，学着当皇帝、杀功臣，最后使自己元气大伤，被人所灭。反观曾国藩，兵败、被贬、猜忌、压抑，都没能消磨他的斗志，他始终坚持修身养性，等待时机，东山再起。他能在凶险的官场上适应复杂的政治局势，一步步走向辉煌的顶峰，凭借的正是"低调"。

如果说身处逆境需要低调，那么身处顺境则更需要低调。身处逆境时，所有的困难和问题都摆在面前，有明确的需要克服的目标。而身处顺境时，低调更像是一种涵养，也许没有什么摆在眼前的困难，但若是其中的某个环节做得不到位，就可能引发更大的危机。

所以，身处顺境时，更需要全身心戒备，因为你不知道困难会从哪个方向来。

《史记·滑稽列传》中说："酒极则乱，乐极则悲。万事尽然，言不可极，极之而衰。"祸福之间是可以互相转换的，得意到了极点，往往就是失意的开始。

明朝有个人叫沈万三，是当时的"全国首富"，就连当时的首都南京城，有一半都是他修筑的。朱元璋定都南京后，准备重修都城。可是由于连年战乱，造成国库空虚，皇帝没有那么多钱，只好向几个大户借钱。财大气粗的沈万三当仁不让，主动表示承担一半的开销。

沈万三的自我感觉特别好，得意之情溢于言表。当今皇上都得靠他接济，这是何等荣耀！他与皇帝的工程同时开工，结果沈万三先于皇帝完工，朱元璋对此感到很不高兴。修筑帝都之后，沈万三觉得"不过瘾"，又申请由自己"掏腰包"犒赏三军。全国军队每人银子一两，总共近百万两。看到这种情况，朱元璋更难受了，他本来就出身贫苦，再加上心胸狭窄，终于由妒而恨，将沈万三发配云南，没收亿万家产。

曾经的荣华富贵一下子变成了过眼烟云，一贯养尊处优的沈万三根本受不了云南的凄凉清苦。身体上的折磨还是次要的，心理上的痛苦更让他不能承受。自己为大明朝出了那么多的财力，最后却落得这样的下场，不出三年，沈万三就在愤懑抑郁中去世了。

古人的故事告诫今人，在牢记"无限风光在险峰"的同时，更不能忘记"高处不胜寒"！

曾国藩认为，讲低调得讲方法。真正的智者知道，在得意时更要压低姿态。失意的时候还好说，一旦得意，人就会不自觉地膨胀，自我放大，就像一把开了刃的尖刀,好像没有什么困难能难倒他,没有什么问题解决不了。殊不知,这把尖刀随时可能伤害最亲近的人,也随时可能受到意外的打击,折断可能只是瞬间的事。

当今社会,人们的生活品质有了大幅度的提高。很多人开始向内敛含蓄的方向转变,得意而不忘形逐渐成为人们处世的准则。在人生得意时,一定要在内心给自己划一道警戒线,这体现了一个人的修养,身居高位而沉得住气,才是真正有大韬略的人。

记住,矜持低调、克己奉公、不事张扬,只有懂得这些生活道理并真正做到的人,才能站得更高,走得更远!

第七章

治家功夫
——敬亲齐家,方能事业有成

1.孝敬父母其实很简单

在人的一生中,父母的关心和爱护是最真挚、最无私的,父母的养育之恩永远也诉说不完。为养育儿女,父母付出了毕生的心血,所以,子女应该恪尽孝道。

然而,中华民族向来是一个含蓄的民族,在表达自己对父母的爱时,人们总是难以当面说出口,很多情感没有办法用语言来表达。

曾国藩在京为官期间,经常给家里写信,向父母报平安,并对家里的大事小事一一过问,非常细心。那个年代,北京与湖南之间可算是相距甚远。为了和家里父母保持联系,曾国藩长年给家里写信,足足写了30年,现存就有近1500封,平均每年近50封,平均一个月要写4封信,可见其写信之频繁。

父母也在与儿子频繁的书信往来中,大大减少了思念之苦。另外,他还会捎带给父母一些小东西,以尽孝道。

道光二十四年(1844),曾国藩只是个翰林院编修,一介穷京官,权势不大,俸禄也不高,想弄到昂贵的物品,就得煞费苦心外加舍得破费。

但他为了表达自己的一片诚心,还是费尽周折找到对老年人有滋补作用的"阿胶两斤,高丽参半斤",然后托人千里迢迢将这些营养品带回湖南老家孝敬父母。作为人子,他对老父老母非常关心体贴。

他不仅自己尽孝道,还会在信中絮絮叨叨,教育自己的弟妹们要尽孝。这些都潜移默化地影响了曾家的家风,家庭因此呈现一片和睦景象。

曾国藩的家书中没有什么惊天动地的语言,大部分内容都是向父母报平安,和父母拉家常。比如,曾国藩在一封家书中这样写道:"九弟前病时想回家,近来因为找不到好伴,并且听说路上不平安,所以已不准备回家了……儿子在二月初配丸药一料,重三斤,大约花了六千文钱。儿子等在京城谨慎从事,望父母亲大人放心。儿子谨禀。"

他知道父母最担心的莫过于自己的身体健康和处境,于是写信说:"我已经吃药了,我做事情会很小心,请父母不要惦记。"连这些吃药的小细节都告诉父母。虽然只是短短的几句话,却让父母心里有了着落,也让我们看到了一个儿子的孝心。

他不仅自己给家里写信,也教导自己的弟弟们要时刻挂念父母,多和父母聊天。

一次,曾国藩收到父母的来信。在信中,父母除了询问他的近况外,还表示出对他的弟弟的关切。曾国藩看后,马上把弟弟叫来,对他说:"父母一直很为你担心,你为什么不及时写信回去,告知父母你的情况?"

弟弟说:"我最近手头有点紧,想等有了些许银两,与信一并寄回,也好给父母一个交代。"

曾国藩说："父母是出于担心你，才询问你的情况。他们需要的不是你的银两，而是你向他们报平安。你想想，每个孩子都是父母心头的一块肉，如果孩子与父母失去了联系，父母的心里就会焦灼不安，比自己生病还要难受。做儿女的，如果不能理解父母的心意，那就是不孝。"

弟弟听了曾国藩的话，顿时羞愧万分，回去马上给父母写了一封信，告诉父母一切安好，劝二老一定要保重身体。

或许有些人也曾有过曾国藩弟弟那样的想法，总想着自己飞黄腾达之后再多陪陪父母，觉得这也是一种孝心。如果有这种想法，那就该注意了，正如曾国藩所说的，父母对子女的要求并不多，只要子女时常跟他们聊聊天、说说话，告知一下自己的近况，他们也就满足了。

父母都望子成龙、望女成凤的，但他们更希望看到的是子女过得平安幸福。所以，我们应该经常和父母保持联系，和他们说说话，消除他们心中的担忧。

父母也有自己的愿望和想法，但因为害怕麻烦子女或者让子女破费，不愿主动向子女提出。我们做子女的，应该多了解父母的心情，多关注他们的想法，帮助父母实现愿望。这也是非常好的尽孝方法。

东汉时的黄香是历史上公认的"孝亲"的典范。

黄香小时候，家境困难，他10岁时失去了母亲，父亲又多病。在闷热的夏天，他在睡前会用扇子驱赶蚊子，扇凉父亲睡觉的床和枕头，以便父亲能早一点入睡；寒冷的冬夜，他会先钻进冰冷的被窝，用自己的身体暖热被窝后，才让父亲睡下；冬天，他穿不起棉袄，为了不让父亲伤心，他从不叫冷，总是表现出欢呼雀跃的样子，努力在家中营造一种欢乐的气氛，好让父亲宽心。

黄香虽然没有做出什么惊天动地的大事,但点点滴滴的细节都体现了他对父亲的爱,他的至孝让我们感动。

从中,我们应该受到启发,无论是在家里还是在外,都应该多和父母聊聊天,多听听他们聊一些家长里短;在街头遇到一些好吃的、解闷的,要买回来送给父母;回到家里,要主动帮父母收拾一下屋子,帮他们揉揉腿、捶捶背……简单的动作,不过是举手之劳,却足以温暖父母的心。

总之,只要你是一个有心人,便处处都能发现孝敬父母的方法。

2.让子女自由发挥自己的特长

曾国藩非常重视因材施教。因材施教在现在看来非常容易,但在当时,人人都想自己的子孙能够在官场上有所作为,飞黄腾达。处于曾国藩那样显赫的地位,给自己的子孙提供做官的机会易如反掌,但是他并没有这样做。

曾国藩认为,一个人只要身体好,能吟诗作文,能够明白事理,就能有所作为,受到人们的尊敬。当官是一阵子的事,做人是一辈子的事;官衔的大小不取决于自己,而学问的多寡却取决于自己。

孩子读书未必一定是为了做官,读书是为了明白事理。所以,曾国藩致力于培养孩子们读书的兴趣,注意观察他们的天赋、潜能,在此基础上再进行培养、塑造。

当长子曾纪泽连着三次考科举不成功,向父亲提出不再走科举之路的时候，曾国藩同意了。他写信告诉曾纪泽，按照自己的想法去做事。

曾纪泽后来走的路，在当时的人来看绝对是旁门左道。那个时代，一般人根本想不到去接触西方文化，更不用说去学外文了，而曾纪泽竟然在32岁的时候开始学英文，潜心研究西学。

1881年2月24日，曾纪泽以外交官的身份代表清政府在彼得堡同沙俄谈判并且签订了《中俄伊犁条约》，收回了伊犁城。这是清末外交史上唯一的一次胜利，而谈判的成功，得益于曾纪泽对西学的了解。正是因为他有非常好的英语基础，在与俄国人谈判的时候，可以做到针锋相对，将外交手段运用得十足。当时，沙俄曾威胁说："你想要收回伊犁，我马上就派兵开战。"曾纪泽不软不硬地回了一句话："你要打仗，我们也无奈，但我们绝不怕你来打。"能说出这样的话，是因为他很了解当时沙俄虚张声势的心态。如果没有对西学的了解，没有西学的根基，说不定曾纪泽当时就被吓住了。

在当时的社会环境下，父亲的命令是不得违抗的。如果曾国藩一门心思让儿子读书做官，曾纪泽可能就会在书本中痛苦度日，而不能去做自己想做的事情，不能发挥他的特长。如此看来，曾纪泽的成功，不能不说是曾国藩教子有方的表现。

长子曾纪泽是一位出色的外交官，次子曾纪鸿也在父亲的指导下学有所长。但他同样没有像父亲那样做官，而是选择了自己喜欢的自然科学。他精通天文、地理，最精数学，曾著有《对数详解》、《圆率考真图解》等书，还计算出了圆周率后一百位。

曾国藩只要跟纪泽、纪鸿等子女在一起，就会精心指点他们做人之道。他曾对纪泽、纪鸿说："泽儿天资聪颖，但过于玲珑剔透，宜从'浑'字上用些功夫；鸿儿则从'勤'字上用些功夫。"

曾国藩日理万机，但一有时间，他就会给孩子们写信，为他们批改诗文，还常常与他们交换学习、修身养性的心得体会。在教育孩子的过程中,曾国藩既是父亲又是朋友,还是老师。他的孩子们都非常钦佩、崇拜他,把他视为自己的人生偶像。

孩子要学习的东西有很多,作为父母,就应该像曾国藩那样,首先要培养孩子优秀的品德。这样一来,就能保证孩子未来的发展方向,保证他不会误入歧途,这是教育的根本。然后要尊重孩子的选择,因材施教,让孩子学有所长。这才是成功的育人之道。

曾国藩思想开明,懂得因材施教,能够让子女自由发挥自己的特长,实在是很难得。

现在,很多家长本末倒置,只盯着孩子的学习成绩,却忽略了孩子的心理变化。殊不知,学习成绩并不是孩子在社会上立足的根本。要想让孩子在社会中有所成就,最重要的是培养孩子的品德,品德教育才是育才的根本。

所以,父母应该多与孩子沟通,成为他们的朋友,了解他们的想法,纠正他们错误的思想,多通过身边的事情教育孩子。同时,父母也要以身作则,要求孩子做到的事,自己一定要先做到。另外,有些孩子也许真的不擅长学习,没有关系,他有什么特长就让他发挥出来,也许他的特长会帮助他获得成功。

3.给孩子留财,不如教孩子谋财

做父母的希望自己的儿女过得比自己好,所以他们总是希望给儿女们多留些财产。但曾国藩不这么认为,他的观点是,要想儿女真正有出息，就不应该给儿女留下太多的钱。

曾国藩出身贫穷，一生为官清廉，深知"财可帮人，也可害人"的道理。人的本性中有好逸恶劳的一面，如果父母蓄积足够的钱物让子女花销，那子女为什么还去吃苦呢？结果自然是坐吃山空。如果"一无可恃"，子女们就不得不去奋斗、去谋生、去立业，这样才能成大器。所以，曾国藩从不利用手中职权为子孙后代敛集财富。

曾国藩明确规定，嫁女儿的嫁妆不能超过二百两白银。曾国藩的三个女儿出嫁，都是按照这个规矩来办的。到第四个女儿出嫁时，欧阳夫人仍然按照这个规矩来办。曾国荃听说这件事之后，不敢相信，说："怎么会有这种事呢？"打开箱子一看，果然如此。他再三感叹，觉得实在不够，便又赠送了四百两。

嫁女如此，娶媳妇亦如此。

咸丰十年(1860)，曾国藩派人送家信和二百两银子回家，以其中的一百两作为曾纪泽的婚事之用，另外一百两作为侄儿的婚事之用。这么大的官，子侄办喜事只用一百两，确实太难得了。

曾国藩还曾在给弟弟的信中指示说：

"我们弟兄身处这样的时代，名声远扬，应以钱少、产业少为好。一则平日里可以避免别人眼红，招人妒忌；二是看到家中窘迫的状况，子孙们也不至于一味讲究奢侈。我们曾家历代的立家气象、格局没有改变，从嘉庆末年到道光十九年，我见到祖父星冈公每天生活恪守常规，不相信医药、堪舆、和尚、巫师、祷祝等事，这也是老弟曾经亲眼见过的。我们这一辈的人认真遵守家风，则家道便可多支撑些年，望老弟率纪泽及各位侄儿切实做好……"

在给两个儿子的信中，他告诫说：

"银钱田产，最容易助长人的骄气。我家中断不可积钱，也断不可买田。你们兄弟努力读书,决不怕没有饭吃。"

曾国藩认为,钱财不是家庭兴旺的根本,家族能否兴旺发达,最终要取决于人。他常说:"所贵乎世家者,不在多置良田美宅,亦不在多蓄书籍字画,在乎能自树立子孙。"这里的"自树立"之人就是指具有维护家风、兴旺家族能力的子弟。

因此,曾国藩非常注重培养后代的自立能力。他常说,给子孙留下万贯家财,不如教子孙走正道,让子孙学会一些谋生的技能,自食其力。所以,他常常告诫自己的子侄,让他们不要有依靠父辈、继承家业之心,要学会自立。

即使是现在,多数人的观念也是用尽办法为子孙积聚财富。他们认为,为子孙积聚财富,即使他们不能自立,也不至于流落街头,遭人耻笑。但他们没想过,为子孙留下过多财产,反而会害了子孙。很多成功人士没有给自己的子女留下很多财产,就是为了后代能够自立。

微软创办人比尔·盖茨把全部财产捐给比尔及梅琳达·盖茨基金会,一分也不留给自己的子女。

巴菲特的长子霍华德并没有继承父业,他32岁那年卖了祖父给他的股票,买了一台推土机,开始务农。他按市价向父亲租用了一家农场,尝试协助农民生产更多的农作物。巴菲特每次去看他,通常都是去要租金。

李嘉诚把两个儿子送到美国读书,每月仅给他们够日常衣食开支的钱。有其他花销,他们就要像其他同学一样,利用课余时间打工。李泽楷每逢假日就到高尔夫球场做球童,背着装满高尔夫球棒的大皮袋,在球场上满头大汗地跑,他足足做了三年。

别人家的孩子上学,父母给他们买汽车,李嘉诚给两个儿子买的只是两辆自行车。有一天,李嘉诚在9楼公寓等他们回家吃饭,看到一辆单车在雨中的车群中"之"字形穿梭，险象环生，那个骑车的就是他的儿子，到家已经浑身湿透，还背着几十斤重的东西，他这才决定给他们买一辆汽车。

这些成功人士和曾国藩一样，看似没有给后代留下财产，其实，他们给后代留下了宝贵的精神财富，这笔财富是任何时候都用不完的。只要认真使用这笔财富，他们的后代就不会有衣食之忧。

曾国藩说："大约世家子弟，钱不可多，衣不可多，事虽至小，关系颇大。"这是因为，钱多就易骄横，就容易奢侈，就容易淫逸，就容易放荡，最后必然导致家败名裂。所以，父母在教育孩子的时候，应该更多地培养孩子的独立精神，要狠下心来，让他们独立做事。只有孩子自立了，才能真正地在社会上立足。

钱财是身外之物，安身立命之本还在于人。"授人以鱼不如授人以渔"，一个人拥有创造财富的能力比拥有财富本身更重要。做父母的一定要意识到这点。曾国藩认为，富贵不可长久，不可以官为生。他常训诫子侄要以种田作为永远的家业命脉，只要这根命脉不断，曾家的人就不会受穷受苦。家族的兴旺与发达，不能依靠一时的官爵，如果子孙后代不思进取、懒惰懈怠，再大的家业也会化为乌有。

4."耕读传家"的思想

曾国藩非常热衷于稳健理财。他认为："理财之道，全在酌盈剂虚，脚踏实地，洁己奉公，渐求整顿，不在于求取速效。"

曾国藩把农业提到了国家经济中的基础性战略地位，他认为，"民生以稼事为先,国计以丰年为瑞"。他要求"今日之州县,以重农为第一要务"。在当时以农业为主的社会,这一条的确是非常中肯的建议。只要以农业为本,就不会挨饿,就不愁不能生存。

曾国藩对农村的生产劳动极为重视,即便做了两江总督,在家门鼎盛之际,他仍时时嘱咐儿女们要谨守耕读家风,在种田上下工夫。

他最为人们所称道的,还是"耕读传家"的思想。

曾国藩在道光二十九年(1849)四月十六日给他的几个弟弟的信中写道:"吾细思,凡天下官宦之家,多只一代享用便尽。其子孙始而骄佚,继而流荡,终而沟壑,能庆延一二代者鲜矣。商贾之家,勤俭者能延三四代;耕读之家,谨朴者能延五六代;孝友之家,则可以绵延十代八代。我今赖祖宗之积累,少年早达,深恐其以一身享用殆尽,故教诸弟及儿辈,但愿其为耕读孝友之家,不愿其为仕宦之家。"

在曾国藩看来,一个家庭能够兴盛不衰,人才辈出,离不开好的家庭传统。大致而言,官宦人家的子弟多骄、多颐指气使,盛气凌人而不肯实干,因而很难有大的作为;商贾人家的子弟多奢,往往沉溺于享乐之中,乃至饱暖思淫欲,也很难振作精神,干一番事业;工农家庭的子弟由于社会地位低微,生活范围狭窄,虽多朴实,却被限制了眼界;读书人家庭虽知书明理,眼界较宽,却往往缺少吃苦耐劳的品德。比较下来,似乎只有半耕半读或半工半读家庭的子弟比较有出息。由此看来,家庭对于后代的影响是不可忽视的。

曾国藩兄弟几个从小就在父亲曾麟书的严格训导下刻苦读书,打下了较为扎实的家学根底。父亲曾麟书反复告诫他们读书是为了光大曾家门第,尽忠报国,做一个明理君子。到了晚年,由于曾国藩兄弟大都取得了功名,所以曾麟书表示要把教导孙辈和管理农事的责任继续担当起来。

　　曾国藩出身农家，农业在他一生的经济和精神生活中占有极为重要的地位。曾国藩不仅将农业看作治生之道，而且把重视农业视为治家之道，认为它是家族兴盛的根本。

　　曾国藩是从这样的耕读之家成长起来的，加上后来久游官宦之间，对于家庭传统对后代的影响十分注意。经过比较，他认为在农、工、商贾、官宦等各种家庭中，以半耕半读家庭为最优，因而决心继承祖上遗风，以耕读孝友传家。

　　那么，具体来说，究竟什么是耕读呢？

　　所谓"耕"，在曾国藩看来，就是家中男子要从事耕地施肥、种菜(蔬)、养鱼、喂猪等劳作；家中女子主要是做"学洗衣煮菜烧茶"、制鞋、做小菜等他规定的日定功课。如他规定女儿、儿媳每年必须做鞋一双以考其女红，必须"做些小菜如腐乳、酱菜之类"，并亲自检验。至于"读"，并不只是读四书五经、八股试帖之类为今后中举做官打基础的书，而是要读能经世致用的书。读书并不求其子孙做官发财，早日成名，只求其能成为读书明理之君子。如对其诸弟，在带兵后只要求能写奏稿之类就行。而对其子则严格一些，从读书作文到为人处世都有一定的要求，强调在博学基础上要有专攻。

　　同治六年(1867)五月初五，老年的曾国藩在官场饱经沧桑后，给四弟的家书中总结道："吾精力日衰，断不能久做此官，内人率儿妇辈久居乡间，将一切规模立定，以耕读之家为本，乃是长久之计。"

　　天上没有掉馅饼的时候，想要赚钱，就需要脚踏实地，这样才能保证自己的财富越积越多。曾国藩在重视农业这一点上给我们现代人的重要启示是：一定要做好本分的事情，保证有稳定的经济来源。无论收入高低，首先要重视自己的工作。稳定的现金流来自脚踏实地的工作，而不是其他好高骛远、不切实际的想法。

生活在中国封建社会向半殖民地半封建社会转型的历史时期，出身耕读世家的曾国藩，既深受传统儒家文化的熏陶，又受到近代"睁眼看世界"的文化开放意识的影响。他的耕读文化跳出了传统士大夫的耕读文化理念。在传统的中国社会，读书的目的是"跳农门"，即"学而优则仕"，而农业则一般认为是"小人之事"，以致出现了"农者不学，学者不农"的现象，读书人对农业是不屑一顾的。而曾国藩耕读文化思想结合自己的人生经历和为人处事的经验，将农业视为持家兴族之道，对当今社会的治家理财和家庭文化建设不无借鉴意义。

5.存些积蓄以备不时之需

在兴旺时期存些积蓄，这样，在困难时期便可取出存款，以维持正常生活，这才是理性的、富于远见的消费观念。

曾国藩总是告诫弟弟们，日月盈亏是自然规律，人生兴衰也是不断变化的，天地间万事万物都会由盛而衰，在极盛时期就会露出衰败凋谢的预兆。人的一生同样如此，盛的时候应保持清醒，防患于未然；衰的时候也不可自暴自弃。

基于这种想法，曾国藩在用钱的时候，会做长远打算。

道光二十八年(1848)，曾国潢在家信中说，家中这一年收入已达五百两，不但负债全部还清，还频频买地，花费了很多钱。

这让曾国藩感到非常不满，他随后给弟弟写信称："乞明告我，既买竹山湾，又买庙堂上，银钱一空，似非所宜，以后望家中毋买田，须略积钱，以备不时之需。"

曾国藩在道光二十七年(1847)正月十八日写给父母的信中也体现了他居安思危的用钱观。他在信中写道："男在京事事省俭，偶值阙乏之时，尚有朋友可以通挪。去年家中收各项约共五百金，望收藏二百勿用，以备不时之需。"

现在很多人虽然薪水不算低，但积蓄几乎为零，这些人可能认为存钱的观念已经过时，其实不然。秉承居安思危的思想来考虑理财问题，给自己留下点应付突发事件的钱为宜。谁都有突发需要用钱的时候，如果平时大肆挥霍，等到急需要钱的时候，却发现自己没钱可用，那就不妙了。

理财的关键不在于你能赚多少，而在于你能在多大程度上照看好自己的钱，不让它们不知不觉地从指缝中漏出去。"不积跬步，无以至千里；不积小流，无以成江海"，永远不要认为自己无财可理，只要你有经济收入，就应该尝试理财，这样必然会得到丰厚的回报。

理财在很大程度上和整理房间有异曲同工之处。一间大屋子，自然需要收拾整理，而如果屋子的空间狭小，则更需要收拾整齐，才能有足够的空间容纳物件。人均空间越少，房间就越需要整理和安排，否则会显得凌乱不堪。同样，我们也可以把这种观念运用到个人理财的层面上：可支配的钱财越少，就越需要把有限的钱财运用好！

总之，我们应该明白一个事实：不能因为有钱甚至钱多就觉得不用理财；而若钱财有限，则更应该学会理财。

有些人学历高，工作好，收入也很可观。他们觉得平时赚的钱就够花了，没必要特意去理财，节流不如开源。

这种随性地对待自己钱财的态度看似悠闲自在，实际是因为没有遇到不可预期的风险。一旦遇到了，他们就会发现，目前的这种"自由"是有代价的,它会让你在缺乏有效防御的情况下,将自己暴露在风险之中,遭受挫折或损失。

人生时刻都会发生变化,也许你现在没有变化,你依然在努力工作挣钱,但这并不代表你永远都会有钱挣。社会在变,公司发展在变,不知道什么时候,公司的经营变化就会导致你无缘无故地失业。就像那些曾经在国有企业里工作的人们,都以为抱着"铁饭碗",根本不会想到自己会有失业的一天。等到改革开放,国企改制,大量员工下岗的时候,人们才发现自己没有"铁饭碗"了,要另谋生路了。

这些事实都说明了一点,那就是我们要在顺利的时候存些钱,以便帮助自己应对将来可能遇到的危机。

也许你少吃一次肯德基,少去一次电影院,少打一次台球,就可以为自己省下一些钱。当然,存钱也是有一定限度的,并非只存不花,而是要有计划地把自己每月的钱存下一部分。

生活处处充满变化,攒点积蓄,就等于给自己留一条后路。千万不要不屑于存钱,也许不知道什么时候你就会用上。总之,给自己留下一点钱,以备不时之需,是明智的理财之道。

6.乐善好施,做金钱的主人

曾国藩一有多余的资金,都不忘接济家里的亲族。他在道光二十四年(1844)三月十日写给家里的信中提到了关于赠银给亲族这件事:

"去年腊月十八,曾寄信到家,言寄家银一千两,以六百为家还债之用，以四百为馈赠亲族之用，其分赠数月，另载寄弟信中，以明不敢自专之义也。

"后接家人，知兑啸山百三十千，则此银已亏空一百矣，顷闻曾受恬丁艰，其借银恐难遽完，则又亏空一百矣，所存仅八百，而家中旧债尚多，馈赠亲族之银，系孙一人愚见，不知祖父母父亲叔父以为可行否？伏乞裁夺。

"孙所以汲汲馈赠者，盖有二故，一则我家气运太盛，不可不格外小心，以为持盈保泰之道，旧债尽清，则好处太全，恐盈极生亏，留债不清，则好中不足，亦处乐之法也；二则各亲戚家绵贫，而年老者，今不略为资助，则他日不知何如？孙自入都后，如彭满舅曾祖彭五姑母，欧阳岳祖母，江通十舅，已死数人矣。再过数年，则意中所欲馈赠之人，正不知何若矣。家中之债，今虽不还，后尚可还。赠人之举，今若不为，后必悔之！此二者，孙之愚见如此。"

曾国藩说明了赠银的两点原因：一则，他深信财富多了就要散财以保平安的道理；二则，他是一个知恩图报的人。由此可见曾国藩人格之高尚。

曾国藩在外做官，经常想着家乡的父老乡亲，还曾有过为帮助族人或贫困者而置义产的想法。他在道光二十九年(1849)七月十五日写给弟弟们的信中就提到了此事：

"乡间之谷，贵至三千五百，此亘古未有者，小民何以聊生！吾自入官以来，即思为曾氏置一义田，以赡救孟学公以下贫民；为本境置义田，以赡救二十四都贫民。不料世道日苦，予之处境未裕。无论为京官者自治不暇，即使外放，或为学政，或为督抚，而如今年三江两湖之大水灾，几于鸿嗷半天下，为大官者，更何忍于廉俸之外，多取半文乎！是义田之愿，恐终不能偿。然予之定计,苟仕宦所入,每年除供奉堂上甘旨外,或稍有盈余,吾断不肯买一亩田,积一文钱,必皆留为义田之用。此我之定计,望诸弟体谅之。"

曾国藩不仅自己不忘接济穷困人家,布施恩德,也告诉弟弟们要多帮助他人。在咸丰八年(1858)正月十四日,他在给曾国荃的信中是这样说的:

"闻我水师粮台银两尚有盈余,弟营此时不缺银用,不必解往,若绅民中实在流离困苦者,亦可随便周济。兄往日在营,艰窘异常,当初不能放手作一事,至今追憾。若弟有周济之处,水师粮台尚可解银二千前往。应酬亦须放手办,在绅士百姓身上,尤宜放手也。"

以上种种可见,曾国藩是一位懂得知恩图报,懂得用财去换人脉、换名声的人。钱财多了只会遭人嫉妒,而有了钱财懂得与人分享,则会得到他人的钦佩和拥护,从而赢得比钱财更重要的名声和人脉。

从古到今,有很多这样的榜样。

范蠡辅佐勾践打败楚国之后,悄悄隐退,改名换姓,开始经商。他做生意没多久,就发了大财。发财之后,他把钱财统统布施,救济贫苦,全部散尽,再从小生意做起。做了几年,他又积累下一笔不小的家业,于是又布施。

据史书上记载,他曾"三聚三散"。舍得如此散财,布施恩德,可见范蠡是一个真正聪明、有大智慧的人。他懂得散财,懂得与一切众生结恩惠,所以,他无论做什么事都能成功。

"布施"是另一种投资方式，舍出一部分钱财，能够获得更多比钱财更加珍贵的东西。

从前有个生意人，他忙碌了大半辈子，积累了一大笔钱，可是，他并没有人们想象中那么快乐，因为无儿无女的他正在发愁如何收藏偌大的家产。他想了很长时间，也想出了很多方法，但无论哪一种都不能让他感到安全，更谈不上快乐。最后，他只好将所有的钱财都系在腰间。

有一天，他路过一个寺院，看到寺院的门前放着一个用金属铸成的大钵，过往的人纷纷将钱放在这个钵中。他百思不得其解，便向别人询问原因。别人告诉他："这个叫'公共福田'，如果人们能够真诚布施，就会舍一得万，受益无穷。凡是被放到这里的钱财，都是用来救济穷人的，让众生能够脱离苦海。这个大钵名字叫'坚牢藏'，只要把金钱放在里面，便不会再受到任何伤害。反之，如果将金钱都放在自己身边，就很可能为自己带来天灾和人祸。"

听到这里，这个生意人顿时幡然醒悟："我终于找到可以存放金钱的地方了。"随即便高兴地将钱放进了大钵中。

佛家有言："富贵从布施中来。"布施能够让人感到快乐，感到祥和与安宁。因为乐善好施能够帮助受施者摆脱困境，让自己在帮助别人的过程中获得快乐。只有会花钱的人才会赚钱，只有舍得付出才会有回报。

我们必须清楚，守财奴的节俭并不会使你的财富更多，只会一步步断掉你的财路。只有当你变得乐善好施时，你才会发现真正的快乐并不在于拥有多少，而在于付出多少。

放眼望去，古中今外，历史上不乏许多极为明智的商业经营者，那些闻名于世的大企业家们，无一不是乐善好施的人。他们非常善于用余财热心资助慈善、公益事业，但他们的乐善好施并没有使他们变得贫穷。

乐善好施是人类最古老也最美好的一种行为,更是中华民族的传统美德,它表现出了人们的慈善及淡泊之心。美国的演说家马克·吐温说过:"善良,是一种世界通用的语言,且盲人可感之,聋人可闻之。"英国的大文豪莎士比亚也说:"没有慈悲之心的是禽兽,是野人,是魔鬼。"乐善好施的人无论走到哪里,都是受人尊敬、受人欢迎的。

7.子女联姻,品德为上

在封建社会,门第观念在联姻中表现得极为突出。权贵人家为了维护和扩大自己家族的势力,联姻往往讲究门当户对。封建社会,女性的地位一直很低下,男尊女卑的思想渗透于整个社会。女性在家庭中几乎没有地位,没有婚姻自由,只能听从"父母之命,媒妁之言"。

封建社会里的婚嫁制度,导致两家结亲往往不是基于子女的感情,而是为了实现某种利益的互补。嫌贫爱富、讲求门当户对是现实中生存的需要,这样就造成了许多不幸的婚姻和家庭。

曾氏家族贵为湘乡第一显赫门第,按理说,所结的亲家就算不是豪门显族,至少也是达官贵戚。但难能可贵的是,曾国藩没有利用儿女联姻来为自己寻求权势,而是从子女未来幸福的角度考虑,提出了"不与骄奢人家结亲"这样开明的想法。他考虑儿女的婚事时不从门第方面去权衡,而是从家风和生活习惯上去考察。

他提出品德为上,联姻"不必定富室名门"。

　　湖南有一常姓显贵家庭，几次都想与曾国藩结为儿女亲家。然而，曾国藩并不乐意。这倒不是常家与曾家有过什么不愉快的事情，而是因为曾国藩听说这位常家公子生活习气骄奢跋扈，不可一世。他所穿的衣服都极为华贵，就连他家的仆从也气焰嚣张。更令人厌恶的是，他喜欢倚仗其父亲的势力作威作福。曾国藩担心常家公子有官宦人家的骄奢习气，如果联姻，不仅会败坏曾家家规，还会引诱曾家子弟好逸恶劳。

　　咸丰六年(1856)，曾国藩的女儿曾纪琛13岁，有人做媒，配罗泽南次子罗兆升。罗兆升因父功勋，钦赐举人，内阁中书，赏戴花翎，诰授奉政大夫。曾国藩与罗泽南为患难之友，生平志向相投，按照常理，两家结为儿女亲家是好上加好。但曾国藩认为罗兆升有"官宦气"，故表示不中意，在家信中写道："罗家结亲的事，先暂时缓一下。近来人家一当了官，便滋长骄奢的习气，我深深以此为戒。三女儿找女婿，我的意思是选择一个节俭朴实的耕读人家，不必一定是富家名门。"

　　关于其子曾纪泽的婚事，曾国藩在给父亲的信中也这样说："纪泽儿的婚事，再晚一两年也没有什么不可以。或者请您在乡里选择一耕读人家的女儿，或者儿子在京城自定，都得以没有富家子弟骄气的人为主。"

　　曾国藩家风崇尚勤俭，他反对与骄奢人家结亲，也是因为考虑到"亲奢之家难以久远"的缘故。所以，他给子女选择婚配之人时，都是首先选择家风良好的人家，以便子女能够过得幸福。从这一角度出发，曾国藩在儿女定亲问题上，能够跳出当时人们普遍在意的嫡出与庶出的门第之见，以品德而不是以贫富或者地位来选择联姻对象，真是难能可贵。虽然曾国藩在这方面也有看走眼的时候，他的几个女婿中也不乏纨绔，但他能抱着清醒的态度去面对，不贪人富贵，不恋人权势，还是非常值得我们借鉴的。

　　很多人结婚都讲究门当户对，而门当户对的根本标准就是要贫富程度相当,其次是社会地位相当。即便是现代,婚姻中也多少掺杂些门第观念,并且,人们越来越把贫富当成门当户对的重要甚至唯一的标准。

其实,财富总有用完的时候,而一个有才能和智慧的人会永远拥有财富。所以,现代人也应该学习曾国藩的做法,把眼光放长远,去除门第之见,寻找一个真正有能力且本质不坏的人作为儿女婚嫁对象,这样,儿女才能拥有家庭幸福。

第八章

待 人 功 夫

——以诚以恕,结交良朋好友

1.待人以诚以恕

要想成就一番事业,就必须具有海纳百川的气度和超人的气量。宽容是一种人生智慧,更是建立人与人之间良好关系的法宝。一个拥有宽容美德的人,必定能够与那些在意见、习惯和信仰方面与自己不同的人融洽相处。宽容不仅对你的个人生活具有很大的价值,对你的事业也有重要的推动作用。

曾国藩与左宗棠等人关系的几次波折,体现出了曾国藩"待人以诚以恕"的精神。

曾国藩与左宗棠两个人的性格反差很大,因此,经常意见不一致,常产生分歧。尽管如此,曾国藩也从来没有对左宗棠产生过不满。相反,他认为左宗棠是个不可多得的人才,说左宗棠"深明将略,度越时贤",并不遗余力地向朝廷举荐,左宗棠才能一展抱负。曾国藩对左宗棠始终有赞扬、无贬词,甚至说:"横览七十二州,更无才出其右者。"

曾国藩因为李元度有倾向王有龄分裂湘系的企图而弹劾他,结果遭到了很多人的指责,说曾国藩忘恩负义。李鸿章"乃率一幕人往争",声称"果必奏劾,门生不敢拟稿"。曾国藩说:"我自属稿。"李鸿章表示:"若此,则门生亦将告辞,不能留侍矣。"曾国藩闻此,非常气愤地对他说:"听君之便。"李鸿章便负气离开了祁门。后来,几经辗转波折,李鸿章又想回到曾国藩的门下,曾国藩不计前嫌,亲自写信邀请李鸿章回营相助。

新宁的刘长佑由于拔取贡生,入都参加朝考。当时曾国藩身份已很显贵,他索取刘的楷书,想事先认识刘的字体,但刘坚持不给。此后,刘长佑做了直隶总督,当时捻军的势力如日中天,曾国藩负责分击,刘负责合围。刘长佑准备将草写的文稿呈上,有人说:"如果曾公不满意,我们该怎么办?"刘长佑说:"只要考虑事情该怎么办,他有什么可值得怕的呢?"曾国藩看到了这个文稿,觉得里面提到的看法非常正确。刘长佑知道后,对幕客说:"涤翁(曾国藩)对于这个事能没有一点芥蒂,全是由于他做过圣贤的工夫才能达到的。"

佛家常说:"菩萨所为,忍辱为大。"民间俗语则称"宰相肚里能撑船"。我们是凡夫俗子,无法做到菩萨、丞相的境界,但面对冲突,我们至少可以做到耐心一点,遇事先深吸两口气,再让脑子左右转一转,换一个角度,多替别人想一想,将自己那满腔的怒火化为浊气吐出来,抑制住报复的冲动,让自己活得平和些。

曾国藩说:"概天下无无瑕之才、无隙之交。大过改之,微瑕涵之,则可。"意思是说，大抵天下没有完全无缺的人才，也没有完全无缝隙的交情，只要能将大的缺点改正，将小的缺点包涵，也就可以了。

随着经济社会的快速发展，人们的生活节奏在不断加快，工作压力也在不断加大。如果人人都能多一份宽容，生活中自然就会多一分理解。茫茫人海中，相逢总有缘，彼此间偶尔发生一些争执和矛盾在所难免，如果寸土必争、锱铢必较，总是你给我"当头炮"，我给你"马儿跳"，势必两败俱伤。所以，遇到非原则性的矛盾，不妨宽容一些，"退一步海阔天空"，如此，再大的问题也会得到解决。在别人失意、失落、失败时，多一份宽恕，少一点苛求，就能帮助别人，云开日出；当自己得志时，也要多一份宽容，少一些盛气。

2.给人留面子，也就是给自己留余地

给人留面子，是一种做人的涵养，一种对人的爱护之心，体现的是宽容、平和的心态。

曾国藩说："说人之短，乃护己之短；夸己之长，乃忌人之长。皆由存心不厚，识量太狭耳。能去此弊，可以进德，可以远怨。"

早年的曾国藩是个多言健谈、爱出风头、喜欢交际的人，也喜欢对别人品头论足，还经常和别人争口舌之胜，所以时常因为"多言"而得罪人。

一次，曾国藩在家为父亲祝寿，他的朋友小珊前来参加寿宴。席间，两人观点不和，争论不休，曾国藩的父亲看在眼里。客人走后，父亲与曾

国藩谈起做人的道理,尤其讲了一大堆给人留面子的话。曾国藩意识到了问题的严重性,于是亲自往小珊家中表示歉意。

当天的日记,他总结自己有三大过:

"小珊前与予有隙,细思皆我之不是。苟我素以忠信待人,何至人不见信?苟我素能礼人以敬,何至人有谩言?且即令人有不是,何至肆口谩骂,忿戾不顾,几于忘身及亲若此!此事余有三大过:平日不信不敬,相恃太深,一也;比时一语不合,忿恨无礼,二也;龃龉之后,人之平易,我反悍然不近人情,三也。恶言不出于口,忿言不反于身,此之不知,遑问其他?谨记于此,以为切戒。"

自此以后,曾国藩在处世待人方面日渐成熟,给人留面子这一点更是成为他以后待人交友的一个重要原则。

有的人把自己的面子看得贵如金,却把别人的面子看得贱如纸。他们为了自显高明,无视他人的尊严,甚至将对方逼到非反抗不可的地步。在人际交往中,只要保留住双方的面子,一切争端就都有回旋的余地;一旦撕破面皮,就极可能转入火星四溅、双方都无力控制的局面。

对于身处庙堂之上的曾国藩来说,趋炎附势之徒自然不会少,其中不乏热衷于仕途却又故作清高的所谓"大儒"。但是,曾国藩依然将他们接纳下来,给予礼遇。

很多人对曾国藩的举动非常不解,其中便有一个叫李鸿裔的年轻人。他看不惯这些号称理学大师的腐儒,虽然他多次向曾国藩谏言,曾国藩却依然故我,并不多加解释。

一日,李鸿裔在曾国藩的文案上看到了一个大儒写的一篇文章《不动心说》,文中为了标榜自己的清高,写了这么两句:"将吾置于二八佳人之侧，问吾动好色之心乎？曰：不动。"李鸿裔为了讥讽这个言不由衷的大儒，信笔在文章的后面题道："二八佳人侧，红蓝大顶旁，尔心都不动，只想见中堂。"

当晚，曾国藩见到了这篇文章和李鸿裔的题字，命人立刻将李鸿裔召来训诫："虽然这些人多为欺世盗名之徒，言行不能坦白如一，但他们之所以还能获得丰厚的待遇，凭借的正是这些虚名。若你一定要揭露他们，使他们失去衣食的来源，那么他们对你的仇恨，绝不是言语就可以化解的，这不是自取祸端么？"李鸿裔闻之不禁汗颜，明白了曾国藩此举的意图，从此开始注重"内敛"。

这件事告诉我们：做人不要做绝，说话不要说尽，待人处世，需要留有余地，方能进退自如。

俗话说："过头饭不可吃，过头话不可讲。"为人处世就像行车走马一样，你一下奔驰到山穷水尽的地方，调头就不容易；若能留有一些余地，调头就容易多了。

3.能够成就一番事业的人，无不退己而让人

无论古今，能够成就一番事业的人，无不退己而让人。所以，"让人为上，吃亏是福"是人们可以实现内心"和"的一个有效途径，也是营造良好人际关系、成就事业的重要保证。

舜敬父爱弟，可他的弟弟象表面看起来敬兄，内心却总想害死他。有

一次，他们俩去挖井，舜正在井内时，象却突然把井口封死。象以为舜必死，就想打他夫人的主意，于是来到舜家里。不料，舜大难不死，已从井的另一个出口脱身回到家里。

象刚进门，见舜在弹琴，只好尴尬地说："我正惦记着你呢。"

舜只是平静地说："多谢你的美意。你真是我的好兄弟，以后你协助我一起管理臣民吧。"

舜有如此广阔的胸怀，是他成就一代帝王大业的重要基础。

一个从来都不愿意或者不想吃亏的人，反而会吃更多的亏；而一个把吃亏视为对自己的锻炼、是一种福气的人，吃的亏则会越来越少，乃至无亏可吃。事情往往就是这样辩证存在的。

曾国藩说过："敬以持躬，让以待。敬就要小心翼翼，事情不分大小，都不敢忽视。让，就什么事都留有余地，有功不独居，有错不推诿。念念不忘这两句话，就能长期履行大任，福祉无量。"

现实生活中，人与人交往，必须共同遵守一个准则，才不至于乱套，这就是对待人的道理。对待人的道理，最高的准则，就在于儒家所提倡的"一切在于求取最完美、最高尚的道德"。

能有所追求，一方面在心中有所持守，另一方面在执行时有所遵循。这就是准则，也有人称为规范。有时，我们如果能以宽容的心境和幽默的态度对待他人有意或无意施加的羞辱和难堪，往往可以从消极的情绪中解脱出来，阻止事态向恶性方向发展。

有一次，孔子在郑国与弟子们失散了，只好独自站在城东门等候。一个郑国人对孔子的弟子子贡说："东门有个人，长得奇形怪状，累得好像丧家之狗。"子贡把这句话告诉了自己的老师，孔子坦然笑道："说我像丧家之狗？确实是这样，是这样的啊！"作为一代宗师的孔子，居然能在学生面前对这种污辱性的语言一笑了之，的确表现出了万世师表的气度。

苏东坡的《河豚鱼说》记叙了这样一个故事。

南方的河里有一条豚鱼，游到一座桥下，撞在了桥柱上。它不怪自己不小心，也不想绕过桥柱，反而生起气来，认为是桥柱撞了自己。它气得张开嘴，竖起颔旁的鳍，胀起肚子，漂在水面上，很长时间一动也不动。飞过的老鹰看见它，一把抓起它，把它的肚子撕裂，这条豚鱼就这样成了老鹰的食物。

苏东坡就此发议论说：世上总有在不应该发怒的时候发怒，结果遭到了不幸的人，就像这条河豚鱼，"因游而触物，不知罪己"，不去改正自己的错误，却"妄肆其仇，至于磔腹而死"，真是可悲！

所以，先贤教导我们"吃亏是福"。吃亏表面上看起来是一件坏事，但任何一件坏事中都包含着积极的因素，只要找到这些积极因素，你就能从吃亏中得到很多，比如锻炼、经验、教训、警示等。

在日常生活中，当自己的利益和别人的利益发生冲突，友谊和利益不可兼得时，首先要考虑舍利取义，宁可自己吃一点亏。"吃亏是福。"这绝不是阿Q式的自我安慰，而是经验的高度概括和总结。《菜根谭》中讲："路径窄处留一步，与人行；滋味浓时减三分，让人嗜。此是涉世一极乐法。"可谓深得处世的奥妙。

4.抱残守缺,不求完美

"水至清则无鱼,人至察则无徒。"所以,与人相处时,不要用放大镜看对方的缺点,而应该用放大镜看对方的优点。过分地追求完美,不断指责他人的过错,会让你失去朋友和合作伙伴。只有包容别人的缺点和过失,才能赢得人心。尤其是身处高位者,更应该有容人之心,这样才能使别人愿意追随左右,心甘情愿地为之出生入死。

曾国藩初办团练时,没有任何根基,没有一兵一卒,但他能够突破深厚的宗族观念、地域观念,敢于重用有识之士,使得好多人愿意为他忠心效劳,这都得益于他坦荡的襟怀和识才善用的本领。曾国藩常告诫他的幕僚和兄弟,断不可轻视有一技之长者,"人才难得,恐因小瑕而遽去有用之才也"。

"金无足赤,人无完人"的道理似乎每个人都知道,但还是有很多人做事做人力求十全十美,结果弄得自己身心俱疲,还因为不能达到自己的期望而生出许多的怨恨,导致自己情绪不畅,严重者还会心里失衡。

曾国藩被后人称为晚清"中兴第一名臣",可见其修养之高。但是,就连他也明白追求十全十美是不现实的。

曾国藩在年轻时就意识到自己的长相和性格都存在缺憾:三角眼,个子不高,性格内向,不太合群。然而,他并没有因此而悲观或抱怨,相反,他认为长相不出众反而可以让自己避开众人的关注,静下心来韬光养晦;性格内向恰恰是沉稳的体现,遇事可以做到处变不惊。

曾国藩是一个文人,也是一个大儒。他并不是不爱花好月圆,而是洞悉了"花无百日香,人无百日好""月有阴晴圆缺,人有悲欢离合""人无远虑,必有近忧"的规律,不再强求花开不败、月圆不缺。他知道花开月圆是短暂的偶然,而花不开、月不圆才是常态。他曾说:"天有孤虚,地阙东南,天地都有不足,何况人?故人有所缺憾才是真实的。日月都不能追求圆满,何况人?故人应当有所欠缺才好。"

世人都有这样或那样的缺憾,也正因为世人都追求圆满完整,所以难免存在一些怨愤之心、嫉妒之心。追求完美纵然是一种美好的精神向往,但在现实生活中,过于苛求的习惯常常会使人陷入被动的局面。追求完美的人极易愤怒,跟别人一起做事时,如果对方不按自己的要求来做,就会觉得如坐针毡,因此很难与别人融洽相处;追求完美的人在与人合作时会百般挑剔,容易伤害别人的自尊心,挫伤他人的积极性;追求完美的人总会为自己设立高不可攀的目标,但曲高和寡,难以获得别人的支持,自己也会因此陷入孤独的境地;追求完美的人在某些事情未完成时,会产生相当强烈的焦虑感,一旦达不到,就深深自责,痛悔不已,无法自拔……

这些人认为,追求完美是对生活负责,殊不知,完美就如同一个陷阱,是一种主观臆想的无底洞,它没有标准,无法丈量,只会让人徒增烦恼。

人生在世不可能处处圆满,不是这里有不足,就是那里有欠缺。所以,不必费尽心机去追求完美。抱残守缺,也不失为一种聪明的处世之道。

5.选择朋友,就是选择自己的命运

当今社会,朋友对你的发展带来的影响越来越大,所以,我们除了要努力加强自己的才能外,还要注意搞好人际关系,让自己有个好人缘,这样才能适应日益激烈的市场竞争,并在竞争中取胜。

如果你希望在成功的道路上快马扬鞭,就必须拥有良好的人际关系。结交好的朋友不但可以得到感情的慰藉,还可以互相砥砺,共赴患难,在事业上共同进步。朋友之间,无论是志趣还是品德都会互相影响,从这个意义上说,选择朋友就是选择自己的命运。

我们常说"近朱者赤,近墨者黑",朋友对一个人的影响是很大的。尤其古时候的人交友和现在不同,古人交友如同求师,唐代诗人贾岛曾经说:"君子忌苟合,择友如求师。"

曾国藩择友,注重的是对自己是不是有所裨益,结交的大都是高明之人、博雅之士。他反复嘱咐兄弟:"但取明师之益,无受损友之损。"

曾国藩深知朋友的重要,因此,他说:"择友乃人生第一要义。一生之成败,皆关乎朋友贤否,不可不慎也。"

曾国藩交友如此慎重,自然有一套择友的原则和标准。他说:"若果威仪可测,淳实宏通,师之可也;若仅博雅能文,友之可也。"就是说,一个人若举止威仪、诚实通达,可以尊之为师;一个人若博学典雅、擅长诗文,可以待之为友。无论是尊为师还是结为友,都应当长存敬畏之心,不能视为与自己平等的人,渐渐地怠慢不敬,如果这样,你将无法从对方身上获得教益。

孔子说："益者三友，损者三友。友直，友谅，友多闻，益矣。友便辟，友善柔，友便佞，损矣。"这句话的意思是说，益友有三种，损友也有三种。与那些待人耿直、宽容、博学多才的人交朋友有益处；与那些走邪门歪道、谄媚奉迎、花言巧语的人交朋友则有害。

选择朋友对一个人的一生是非常重要的。结交益友，会促使你进步，在你陷入危难时，益友会鼎力相助；反之，结交损友，会让你堕落，当你陷入困境时，损友会落井下石，让你的处境雪上加霜。

生活在社会这个大集体中，我们的一生都在不断地受到他人的影响，有可能是父母、师长对我们的谆谆教诲，也有可能是上司、领导对我们的提拔，或同学、朋友生活上的关心。从他们的身上，我们能够更客观地看清自己，认识社会。

所以，与人交往时，如果与对方有相同之处，往往更容易成为朋友。俗话说："物以类聚，人以群分。"相互之间有共同语言，交往起来自然不会有沟通障碍。朋友资源网络中，具有相同工作或类似经验的人越多，越有利于我们从中汲取新知、增长见识，也更有助于我们看到自己的缺点与不足。而每个人的能力都是多样化的，不可能只有一种，朋友资源网络越丰厚，不仅已有的朋友资源之间能力可能出现互补，还能吸引更多具有不同能力的人加入，使朋友资源网络涉及的方面越来越广，效能越来越强；对于个人而言，则有助于一个人成为复合型人才。

6.结交对你有帮助的人

如果一个人会导致你的人生黯然失色,那么,他就不是你理想的友伴,你应该去结交那些能使你发出更大亮光的人。无论何时,你都应记住,跟成功的人交往可以孕育成功,跟失败的人交往只能继续失败下去。

可以毫不夸张地说,唐鉴和倭仁两位理学大师对曾国藩的帮助是非常大的。唐鉴告老还乡后,咸丰帝连连召他入京,垂问军国大计。唐鉴向咸丰帝举荐曾国藩,请皇上任命他为湖南团练大臣,授给他便宜行事之权,并且详细地向皇上讲述了曾国藩的出身、学问、为人、才干,说"曾涤生才堪大用,为忠诚谋国之臣"。他还以自己的一生名望作担保,请咸丰帝坚信曾国藩将来必成大事。1853年1月8日,曾国藩接到帮办湖南团练的旨意,而逐渐崛起、强大的湘军则成了曾国藩之后倚重的主要力量。

倭仁点拨了曾国藩很多为人处世之道和修心养性之法,这些虽然没有唐鉴的举荐来得直接,却是最让曾国藩一生享用不尽的财富。

这两位理学大师对曾国藩来说,就是可以尊之为师的人。

曾国藩本人有高远之志,在他身边也集结了不少有志之士。曾国藩赴京科考,路过长沙时认识了"少有志节"的刘蓉,又通过刘蓉认识了正在长沙参加乡试的郭嵩焘。因为三人志趣相投,于是"为昆弟交,以学问相切磨"。这三人"均志大气盛,自视颇高,以著述立言相期许","其志不在温饱"。他们经常一起砥砺志向、学问,彼此都从中获得了很大的启发和激励。后来,此二人皆成为曾国藩政治、军事生涯中的重要助手。

在京经由郭嵩焘引见，曾国藩认识了江忠源。江忠源因为有血性、有胆识，被曾国藩视为必诚必信的侠义之士、京中绝无的人才。后来，江忠源成为了湘军的重要干将，官至巡抚。

罗泽南与曾国藩同是湘乡县人。他的家境十分贫寒，却能"溺苦于学，夜无油柱灯，则把卷读月下，倦则露宿达旦"。他研究程朱理学，标榜自己是宋儒，时人非常推崇他的道德学问。年轻时，他连遭不幸，丧母、丧兄嫂相伴而来，继而长子、次子、三子连丧，其妻连哭三子之丧，双目失明，罗泽南却并未因如此沉痛的打击而一蹶不振，反而"益自刻厉，不忧门庭多故，而忧所学不能拔俗而入圣，不忧无术以资生，而忧无术以济天下"。曾国藩对他十分敬重，常在书信中表示敬慕之意，称他为"家乡的颜渊"。太平军攻入湖南后，罗泽南在家乡率领自己的学生组织团练抵抗太平军，后来成为曾国藩创办湘军的基本力量之一。

曾国藩结交的这些有志之士，为他事业的成功奠定了坚实的基础。

很多时候，人们出于自己的自卑心或虚荣心，更喜欢同不如自己或与自己不相伯仲的人亲近，而排斥同优于自己的人来往，所以圈子里绝大多数都是和自己一样的普通人。久而久之，心态成了普通人的心态，思维成了普通人的思维，做出来的事自然就是普通人的模式。

与之相反，胸怀大志的人从不放任自己仅以个人喜好交朋友，只要是对自己有帮助、能提升自己各种能力的人，他们都乐意结交。而且，对方越强，对他们的吸引力就越大。因为他们明白，只有这样，自己才能从优秀的人身上学到成功的秘诀，记取到更多有利于自己成长的东西。

当人们在谈论被称为"股神"的巴菲特时，总是津津乐道于他独特的眼光、独到的价值理念和不败的投资经历。其实，除了自身具备投资天分外，巴菲特很早就有意识地去寻找能对自己有帮助的贵人，这也是他的过人之处。巴菲特原本在宾夕法尼亚大学攻读财务和商业管理专业，在得知两位著名的证券分析师——本杰明·格雷厄姆和戴维·多德任教于哥伦比亚商学院后，他辗转来到哥伦比亚大学，成为了"金融教父"本杰明·格雷厄姆的得意门生。

大学毕业后，巴菲特继续跟随格雷厄姆学习投资，直到将老师的投资精髓学到后，他才出道开办自己的投资公司。

的确，朋友之间的相互影响会产生潜移默化的作用。也许你今天胸怀壮志，准备干一番大事业，但是你的朋友却渴望安逸、平静的生活，于是在他的影响下，你的这番心思也渐渐地被淡化，如同过往尘烟，一吹即散。

成功是一种磁场，失败也是。一个人生活的环境对他树立理想和取得成就有着重要的影响。周围的环境是愉快的还是不和谐的，身边有没有贵人经常激励你，密切关系到你的前途。

所以，要想"抬高"自己的价值，就必须往"比我们高"的人身边站。当然，想要结交贵人，在自己的人脉网上放几张大牌，有一个重要的前提是要认识更多的人。如果我们每天只活在既定的圈子里，那么你这个圈子里的贵人肯定是寥寥无几。只有拓宽交往渠道，积极参与社交活动，扩展人脉网络，你才能有更多的机会去认识贵人、结交贵人，获得贵人的帮助。

当然，很多人说，面对一些陌生的面孔，心里会很紧张，而且在那种场合难免会有自卑感。在陌生的环境中，有不舒适的感觉很正常，但一回生两回熟，打起精神来，度过你的恐惧期，你一定会成为新的社交圈里的常客。

7.交友要秉持"宁缺毋滥"的原则

朋友有益友和损友之分，所以，我们在选择朋友的时候必须非常小心。要经过周密的考察，经过行动的考验，通过这些判断其是否值得信赖。如果发现他不适合做朋友，应该果断地与之断绝关系，以免让自己受到不好的影响。

东汉末年的管宁与华歆从小在一起读书，是非常要好的朋友。

一次，两人下山去耕地，忽然从地下翻出一个金元宝。管宁一点不动心，照旧干活，华歆想私吞，但看管宁无动于衷，只得放弃。

又一次，两人在一起读书，一队官兵从门外走过。管宁读书如故，华歆却跑到街上去看热闹，他看完之后跑回来说："那当官的真阔气，我们能这样就好了。"

管宁听了很厌恶，一刀把两人就座的席子割成两半，说："你不是我的朋友，往后别和我坐在一起。"

人们通常会根据你的朋友判断你的为人，所以，千万不要同不分是非、昏庸无能的人交朋友，这些人会因为愚昧无知而干坏事，他们造成的损失往往超过凶恶敌人的破坏。

鲁迅先生赠给瞿秋白的一副对联写道："人生得一知己足矣，斯世当以同怀视之。"的确，朋友不是用数量来衡量的。就算你有一堆朋友，如果这些人个个都是酒肉之徒，那他们非但不会给予你任何帮助，反而会把你拖下水，这样的朋友不要也罢。

好朋友多多益善，坏朋友敬而远之。苍蝇不叮无缝的蛋，之所以那些人品有问题的人会成为我们的朋友,主要原因还是在于我们自己没有把握好交友的尺度,在交友的过程中忽略了对人品的考察,因一时的小恩小惠而与这样的人结成朋友。与这类人长时间交往下去,我们也会逐渐堕落,丢掉做人的原则,从而走上错误的道路。

朋友与书籍一样,好的朋友不仅是良伴,也是我们的老师。

曾国藩回乡为母亲奔丧的那段时间,对是否出山办团练犹豫不决。在进退两难之际,他正是靠了众多好友的竭力相推和晓谕决断,才做出了正确的选择,从而使他的事业获得了成功。

1852年6月,曾国藩被授为江西省乡试正考官,奏准回乡探亲。当他行到安徽时,忽然接到母亲江氏去世的讣闻,随即调转方向,由九江登船,急急回原籍奔丧。曾国藩一到湖南,满耳听到的都是太平军节节北上、清军抵挡不住、形势紧迫的消息。

其实,在曾国藩行到汉阳时,湖北巡抚常大淳便告诉他,长沙已经被太平军围困了。他只得由水路改为旱路,经湘阴、宁乡到达湘乡。正在这时,曾国藩突然接到了朝廷命他在家乡办团练事务的谕令。

咸丰皇帝让曾国藩留乡办团练,既有一般性原因,又有特殊的背景。当时,太平军声势浩大,清军无力对抗。于是,清政府下令地方官举办团练,特别任命回籍的官员为团练大臣,让他们利用人地两熟的优势,组织地方武装,对抗太平军。仅仅在1853年3月到4月间,咸丰皇帝就先后任命了45位官员为团练大臣,仅山东一省就有13人,曾国藩也是在这时被任命为湖南团练大臣的。

当时,曾国藩热孝在身,虽然接到了命令,但并没有出山的意愿。但是,随着形势的发展,曾国藩越来越感到难以决定是否出山办团练。因为此时,太平军在湖南的节节胜利激起了湖南地方官吏、地主和士人保护乡邦的激情,同时还有几股力量影响着曾国藩。这几股力量中,首先是他交往多年的湖南籍朋友，他们都主张让他出山创办武装力量，镇压太平军。比如，曾国藩向皇帝推荐的人才之一江忠源，早在道光末年，湖南农民反抗运动兴起的时候，他就主动举办团练，与起义力量相对抗。听说曾国藩回籍办团练，他多次来信，表示坚决支持。罗泽南也是曾国藩向皇帝推荐的人才，两人直至曾国藩这次回家奔丧才得以见面。此时，罗泽南借着举人身份和乡村教师的地位，培植忠于清政府、仇恨农民起义的力量，其弟子如王蠡、李续宾、李续宜、蒋益沣、刘滕鸿、杨昌浚等，后来都是湘军的勇将。曾国藩回籍后，罗泽南正在办团练，他感念曾国藩对自己的知遇之恩，所以极力劝说曾国薄出山领导地方团练。其次，湖南地方官也力请曾国藩出山。太平军围攻长沙之前，云南巡抚张亮基授调湖南巡抚，赶赴长沙抗拒太平军。当时，身为举人、乡村教师的左宗棠投军做了张亮基的幕僚。左宗棠向张亮基推荐了曾国藩，请曾国藩出山协助镇压太平军。于是，张亮基一边上奏要求皇帝下旨令曾国藩出山，一边给曾国藩写信，请求他出来相助。

但是，曾国藩仍然有所顾虑。这时，他母亲的灵柩还没有安葬，此时出山，有违守孝大礼。他满口讲孝道，如果自己违反，担心会遭到别人的耻笑。另外，他是一名文官，不懂兵法，投身战场需有打仗的真本事，在打仗的时候肯定会碰到巨大磨难，如果处理不善，只怕连性命都保不住。还有，他已经看透了官场的腐败，深知想要办成这件事情，障碍重重。率兵打仗，要人、要枪、要饷，必然要同上下级官员发生纠葛，办起来一定很难。想到这里，他一边写信拒绝了张亮基的邀请，一边写折辞谢皇帝的命令，请求在籍守制三年。

恰在此时，又传来太平军攻克武汉、准备反攻湖南的消息。张亮基又命郭嵩焘连夜赶至曾国藩家，劝说曾国藩出山。郭嵩焘与曾国藩是至交，虽然几年不见，但书信从来不断。他与曾国藩一样是翰林出身，也因为母故回籍守孝，太平军攻湖南，他主动到张亮基处出谋划策，也是他主动要求到曾国藩家游说其出山的。

郭嵩焘来到曾家，在曾家兄弟的陪同下祭奠了曾母。之后，他当着曾家兄弟的面剖析了出山办团练的利害关系，敦请曾国藩出山。郭嵩焘告诉曾家兄弟，自唐鉴推举曾国藩之后，皇帝又征询了老恭亲王及内阁学士肃顺的意见，二人都竭力保举，他们都认为曾国藩是林则徐一类的报国忠臣。如今，要想战胜太平军，非得这样的人物出山不可。曾国藩在朝中与恭亲王、肃顺都有接触，认为二人各有优长，都是皇亲贵族中的拔尖人物。现在，有恭亲王、肃顺在朝中支持，不怕地方的事不好办。曾国藩怕消息不准，郭嵩焘便取出好友周寿昌的亲笔信。周是长沙人，翰林出身，当时为侍讲学士，是京官中闻名的"百事通""包打听"，他的消息既快又准，绝对无误。

经过一番有理有据的劝说，郭嵩焘终于消除了曾国藩的犹豫。郭嵩焘还向曾国藩介绍了湖南巡抚张亮基的殷切相盼及张的爱惜贤才、与人为善，还有左宗棠的大才可用等情况。郭嵩焘的一席话终于打消了曾国藩的重重顾虑，曾国藩决定应命出山，但他又怕在守孝时出山被人讥笑。郭嵩焘说，现在国家正是用人之计，皇帝下令让回籍的官员就地举办团练，已经有多人在居丧时期出山办团练。如果认为尚有不便，可由郭嵩焘出面请曾父出来催促，上应皇命，下应父命，名正言顺。曾麟书此时正是湘乡县的挂名团总，当郭嵩焘陈说让曾国藩应命出山时，立即表示赞同，面谕儿子移孝作忠，为朝廷效力。

不久，太平军攻陷湖北省城。咸丰皇帝又急下旨催促曾国藩等人组织团练，奔往前线，抵抗太平军。曾国藩安排好了家中之事后，准备出发，他的四个弟弟都愿随他离家参战，曾国藩只答应带曾国葆一人离家，叮嘱曾国荃、曾国华先在家守孝，等待时机。之后，他再祭母灵，求母亲原谅他难尽孝道。而后，他"墨绖出山"，尽忠国家，从此走上了"中兴第一名臣"的道路。

正是因为曾国藩平日里注意结交朋友,在关键时刻才会有这么多朋友帮他做出正确决断,使他逐渐走向成功。如果没有这些朋友的鼎力辅助,他可能一开始就会放弃团练,错过大展宏图的机会,其命运也可能就此改变。

所以,我们要多和那些人格、品行、学问、道德都胜过自己的人交往,尽量汲取种种对自己生命有益的东西。这样可以提高我们的理想和志向,激励自己更趋于高尚,激发出自己对事业更大的热情和干劲。

当然,友谊也不是一厢情愿的事,朋友必须是互动的,只有不断提升自己,才能在更高层次上结交更高的朋友。结交朋友,就要重视朋友,做任何事情都不能以牺牲友谊为代价。即便是失去一点社会地位,或影响到自己的事业,也要让友谊之花常开。一个人的成功、快乐和价值的体现,与他拥有朋友的多少以及朋友的品质有关。结交到越多比你优秀的朋友,你就会离成功越近。

8.识别朋友的真伪

人们常说,察以其相,可以知人。对于生活经验丰富的人来说,更是如此。

物以类聚,人以群分,只有性情相近、脾气相投的人才能走到一块儿成为朋友。如果一个人的朋友都是一些不三不四、不伦不类的人,那他的素质就不会太高;如果他结交的都是些没有道德修养的人,他自己的修养也不会太好。有的人交朋友以性格、脾气取人,能说到一起就是朋友;有的人则以追求取人,有相同的追求就能成为朋友;有的人因为爱好相同而走到一起……无论如何,只有二人修养相当、品质差不多时,才能成为永久性的朋友。所以,了解一个人的朋友也就了解了这个人。

想了解一个人,还可以观察他是怎样对待别人的。

人在得意的时候,特别爱诉说他与别人在一起交往的情景,他说的时候是无意的,不会想到他与被说人有什么关系,所以一般比较真实。

如果对方当着你的面说自己如何占了别人的便宜、如何欺骗了别人等,那你以后就得对他注意一点儿了,有可能他也会这么对待你。

还有一种人比较圆滑,看起来很会处世,却总是当面一套、背后一套,在你面前说你如何如何好、别人如何如何不好。聪明的人就得注意这种人了,因为他会在背后说别人坏,就有可能在你背后说你坏。

有一种人可能会当面批评你,指出你的缺点,同时又在你面前夸奖别人的优点。你也许不愿接受他这种直率,但这种人却非常值得信赖。

另外,看一个人如何对待妻子、儿女、父母,也可以分析出这人是否有责任感,是否自私自利。

你可以通过他是否按时回家、有急事时是否想着通知家人、说起家人时感觉是否很亲切等细节,看出他对家人的态度。一个不把家人放在心上的人,是不会把朋友放在心上的。这种人心里只装着自己,只关心自己的得失安危,根本就不会想到朋友。所以,交往时要注意尽量不要与那些没有家庭观念的人结交。

知彼知己,百战不殆。一般来说,与人交往之前,可运用以下四种方式对其进行具体考量。

(1)以自己的感觉为依据

自己的感觉是最可靠的,唯有自己的感觉不会欺骗自己,所以,评价一个人怎么样,不能听信别人,更不能人云亦云。当然,当你所要接近的人声名狼藉已经达到了众所周知的程度时，你必须要小心，以免受害。

(2)重在表现，既要听其言，更要观其行

生活中不乏口是心非的人，如果只听其夸夸之谈，显然容易被误导。只有行动能暴露一个人的本质，也只有经过对其具体行动的考量，我们才能够对他做出一个大致的评价。具体考量时，需从以下几个方面入手。

第一，在关键时刻或者危急时刻了解他，以便看清他的性格、个性以及人品。

第二，通过他的工作了解他，可以判断出他的工作能力、业务水平和敬业程度。

第三，通过其他人了解他，可以判断出他在人群中的形象、地位以及前途。

第四，通过他与别人的人际关系处理得好坏了解他，可以判断出他在处理人际关系方面的能力。

第五，在是非中了解他，可以清楚地了解他的人格。

(3)确立自己个人的分类标准

一般来说，可以把周围的人按照性格特征来分类，或者按照人品来分类，让他们一一对号入座，这样，你心中就会有一个大致的交往之道。比如，老张很踏实，应该多交往；小陈工作散漫，还喜欢说同事的坏话，要跟他保持距离，等等。

(4)长期观察，随时调整

人是极其复杂的动物，而且很多人都有多重人格面具，因而，想一次性了解透彻一个人极不现实。了解一个人，需要长期观察，而不是在见面之初就对一个人的好坏下结论。如此草率得出的结论，会因为你个人的好恶而产哼偏差，从而影响你们的交往。另外，在社会生活中，人为了生存和利益，大部分都会戴着假面具，你所见到的是戴着面具的"他"，而不是真正的"他"。这是一种有意识的行为，这些假面具有可能只为你而戴，而扮演的正是你喜欢的角色。如果你据此判断一个人的好坏,并进而决定和他交往的程度,那就有可能吃亏上当。

在初次见面后,不管你和他是"一见如故"还是"话不投机",都要保留一些空间,在不掺杂主观好恶的感情因素的情况下,冷静地观察对方的行为。

一般来说,人再怎么隐藏本性,终究会露出真面目,毕竟装久了,谁都会累,就像前台演员一样,一到后台便会把面具拿下来。所谓"路遥知马力,日久见人心",只要你坚持细心观察,一定能找到自己的"知音""贵人",并远离那些心怀叵测之人。

第九章

识人功夫
——德才兼备，打造和谐团队

1.透过"眼神"辨人

观其人先观其眼，眼睛是"心灵的窗户"，与人的感情、内心活动都有密切的关联。人的喜、怒、哀、乐、爱、恶、欲、痛等各种感受欲望，都会从眼睛中流露出来。因此，透过眼睛，可以观察出一个人各种属性能力品质。

容闳在晚年写的《西学东渐记》中，就记载了他第一次与曾国藩见面的情况。

曾国藩见到容闳，寒暄数语后，含笑不语，再三注目于容闳。之后，曾国藩双眸炯炯，盯着容闳的面部，问他在外国居住有几年了，是否有意在军中任职。容闳回答说："固有此愿，只是不懂军事。"曾国藩说，由貌相看,你是一"好将才",因为两目含威,一望便知是有胆识之人,必能发号施令,以驾驭军旅。容闳表示只想教育报国,不想当将才。曾国藩没有勉强他。容闳后来帮助曾国藩筹办了近代中国最大的官办新式军工企业——江南机器制造总局,可见容闳确实是有胆识之人。

孟子曾说:"胸中正则眸子明焉,胸中不正,则眸子不能掩其恶也,善恶在目中偏。善者正视,眼清、睛定;恶则斜视,不定、神浊。"因此,古人把眼睛称为"监察官"。大文豪莎士比亚说:"人的眼睛和舌头所说的话一样多,不需要字典,就能从眼睛的语言中了解整个世界。"

三国时期,曹操派了一个刺客去刺杀刘备。刺客见到刘备后,没有立即下手,而是先和刘备"套近乎",讨论削弱魏国的策略。刺客的分析深得刘备的欢心。过了一会儿,刺客还没有下手,诸葛亮走了进来。这时,刺客很心虚,借故去上厕所。

刘备对诸葛亮说:"依我之见,刚刚那位奇士可以帮助我们攻打曹操。"诸葛亮却连连叹道:"此人一见我,神色慌张,畏首畏尾,视线低而流露出忤逆之意,奸邪的形态完全暴露出来了,他必定是个刺客。"

听了诸葛亮的话,刘备赶紧派人追出去,但那个刺客已跳墙逃走了。

诸葛亮能够识破那个刺客,最主要的原因还是刺客的眼神暴露了太多的秘密。

俗话说:"欲察神气,先观目睛。"在人际交往中,想要让自己立于不败之地,除了要对别人以诚相待外,还要留意多看对方"两眼"。

一个人最容易被他人看穿的也是眼神。在心理学中讲的心灵透视,就是常常从眼神里探究出一个人的心性、成就高低等。如果一个人的眼睛长得细长,黑白分明,看上去很深邃,有光彩,即所谓"黑光如漆,照晖明朗,瞳子端定,光彩射人",则反映出这个人比较聪明,有智慧,因为他的眼睛透出了一股灵气。反之,如果一个人两眼浅短,眼神浑浊呆滞,则表明此人毫无才华,反应比较愚钝。眼球转动较快的人普遍反应较快,反之则较慢。

眼睛最忌"四露",即露光、露神、露威、露煞。眼神是透视人的品格和个性以及聪明才智的突破口。例如,从大商家或高层政治人物的眼神中可以看到自信、肯定及权威,他们的眼神与普通人的眼神一定有所差异。

在电影中,演员演技精湛的话,即使不化妆,好坏善恶也能从眼神中表露无遗。在一些恐怖片中,若剧中人物心性邪恶,从眼神中也感觉得出来。所以,要想使自己的表演逼真,就必须透过眼神表现出其扮演角色的意念与行为。

同样,在日常生活中,若能经常对他人表示关怀,付出爱心,以善意对人或事,坚持日久,自然就会流露出关爱的眼神;如果一天到晚存心算计他人,嫉妒怨恨,眼神必会常露凶光,令人害怕。

2.结合人的肢体语言识人

曾国藩识人、用人的本领十分高明,他经常结合人的情态识别人才。

有一天,曾国藩收到学生李鸿章的一封书信。在信里,李鸿章向他推荐了三个年轻人,希望他们能在老师的帐前效力。曾国藩放下李鸿章的信,照例背着双手出去散步。

曾国藩返回府邸时,家人立刻迎了上来,低声告诉他,李鸿章推荐的人已经在庭院里等候多时了。曾国藩挥挥手,示意家人退下,自己则悄悄走了过去。

只见大厅前的庭院里站了三个年轻人,曾国藩在离他们不远的地方悄悄停了下来,暗暗观察这几个人。只见其中一个人不停地观察着屋内的摆设,似乎在思考着什么;另外一个年轻人则低着头规规矩矩地站在庭院里;剩下的那个年轻人相貌平平,却器宇轩昂,背着双手,仰头看着天上的浮云。曾国藩又观察了一会儿,看云的年轻人仍旧气定神闲地在院子里独自欣赏美景,而另外两个人则开始对曾国藩迟迟不来颇有微词。

曾国藩继续观察了一会儿,然后悄悄回到房间里,召见了这三个年轻人。在交谈中,曾国藩发现,不停打量自己客厅摆设的那个年轻人和自己谈话最投机,自己的喜好和习惯他似乎早已熟悉。相形之下,另外两个人的口才就不是那么出众了。不过,那个抬头看云的年轻人虽然口才一般,却常有惊人之语,对事对人都很有自己的看法,只是说话过直,让曾国藩有些尴尬。谈完话之后,三个年轻人起身告辞。曾国藩待他们离开之后,吩咐手下给三个人安排职位。出人意料的是,曾国藩并没有对和自己谈得最投机的年轻人委以重任,而是给了他一个有名无权的虚职;很少说话的那个年轻人则被派去管理钱粮马草;最让人惊奇的是,那个仰头看云、偶尔顶撞曾国藩的年轻人被派去军前效力,他还再三叮嘱下属,这个年轻人要重点培养。

在大家着实感到纳闷时,曾国藩说出了其中的原因:"第一个年轻人在庭院等待的时候,便用心打量大厅的摆设。刚才他与我说话的时候,明显看得出来他对很多东西并不精通,只是投我所好罢了,而且他在背后发牢骚发得最厉害。由此可见,此人表里不一,善于钻营,有才无德,不足以托付大事。第二个年轻人遇事唯唯诺诺,谨小慎微,沉稳有余,魄力不足,只能做一个刀笔吏。最后一个年轻人不骄不躁,竟然还有心情仰观浮云，就这一分从容淡定便是少有的大将风度。更难能可贵的是，面对显贵，他能不卑不亢地说出自己的想法，而且很有见地，这是少有的人才啊！"曾国藩的一席话说得众人连连点头称是。"这个年轻人日后必成大器，不过他性情耿直，很可能会招来口舌是非。"说完，曾国藩不由得一声叹息。

那个仰头看云的年轻人没有辜负曾国藩的厚望，他在后来的征战中脱颖而出，并因为战功显赫被册封了爵位。不仅如此，他还在垂暮之年毅然复出，率领台湾军民重创法国侵略者，扬名中外。他便是台湾首位巡抚刘铭传。不过，正如曾国藩所言，性情耿直的刘铭传后来被小人中伤，黯然离开了台湾。

只通过刘铭传在大厅里的表现，曾国藩就辨识出了他的大将气度，这是几十年阅历和经验所致，偷不得半点机巧。很多人也不乏这种经验，有的人头回见面，就让人喜欢，被认为是个人才，这就是从人的情态中得出的结论。

心理学家认为，一个人外部表现出来的某种姿态是其内心状态的外在展示，它依这个人的情绪、感觉与兴趣而定。甚至有时候，一个发自内心的姿态，要比成百上千句话更有分量。

其实，从你在别人眼中出现，到你开口说话的这一段时间，你一直都在"表达"，只是并不是用嘴，而是用你的眼睛、动作、全身去表现，对方能够从中发现很多信息。你的这些表现会让对方在第一时间就做好应对你的准备，决定是否要听你说话。

因此，在开口之前，在交谈之中，在告辞之时，你都必须时刻用你身体的全部向对方传达你对他的敬意与好感，暗示出你所要说的话的重要性。

尽管很多自然而然流露出来的动作和姿势不是凭自己的主观意

识能够控制的,但这也不是说这样表现出来的姿态就是死板的动作,你还是可以根据自己的想法,把姿态加以改变,让它变得更加柔和、舒展、自然。

当然,也不要把它训练成为一种模型,那样不但看上比较单调,也会让对方觉得你举止可笑,有失礼节。

通过观察对方的情态,我们能够对其有个清楚的认识。但是,人的情态并非是永恒不变的,所以,要用发展的眼光看人,不要认为一个人不好,就永远否定他。总之,观察一个人要听其言、观其行、察其态,细细地研究、琢磨,根据其在特定环境下表现出来的情形来判断,而不是主观臆断。

3.声音暴露你的喜怒哀乐

曾国藩在《冰鉴》中指出:"辨声之法,必辨喜怒哀乐。"人的喜怒哀乐的确能在声音中有所体现,即使人为地掩饰,也会有此特征。

一次,郑子产外出巡察,突然听到山那边传来女子的悲恸哭声。随从们转视子产,听候他的命令,准备救助。不料,子产却命令他们立刻拘捕那名女子。随从不敢多言,遵令而行,逮捕了那女子。当时,她正在坟前哀哭亡夫。人生有三大悲,即少年丧父、中年丧夫、老年丧子,可见该女子的可怜。以郑子产的英明,他不会对此妇动粗。其中缘由,是因为郑子产的闻声辨人之术。郑子产解释说,那妇人的哭声没有哀恸之情,反蓄恐惧之意,故疑其中有诈。审问的结果,果然是该女子与人通奸,谋害了亲夫。

人的声音,跟天地之间的阴阳五行之气一样,也有清浊之分。清者轻而上扬,浊者重而下坠。声音起始于丹田,在喉头发出声响,至舌头那里发生转化,在牙齿那里发生清浊之变,最后经由嘴唇发出去,这一切都与宫、商、角、徵、羽五音密切配合。

识人的时候,听人的声音,要去辨识其独具一格之处,不一定完全与五音相符合。但是,只要听到声音就要想到这个人,这样就会闻其声而知其人。所以,不一定要见到他的庐山真面目才能看出他究竟是个英才还是庸才。

曾国藩认为:贫穷卑贱的人说话只有声而无音,显得粗野不文明;圆滑尖巧的人说话则只有音而无声,显得虚饰做作。所谓的"鸟鸣无声,兽叫无音",说的就是这种情形。普通人说话,只不过是一种声响散布在空中,并无音可言。如果说话的时候,一开口就情动于中,而声中饱含着情,到话说完了尚余音袅袅,不绝于耳,则不仅可以说此人温文尔雅,而且可以称得上是社会名流。说话的时候,即使口阔嘴大,却声未发而气先出;即使口齿伶俐,却不矫造轻佻,不仅表明其人自身内在素养深厚,而且预示其人日后会获得盛名隆誉。

另外,经过心理学的调查表明,在现实生活里,声音低而粗的人性格一般比较成熟潇洒,较有适应力;声音洪亮的人精力充沛,具有艺术家气质,有荣誉感,有品位,而且很热情;讲话速度快的人朝气蓬勃,活力十足,性格外向;外带语尾音的人精神高昂,具备艺术家气质。

通过听声音还可以辨识人当时的状况。在正式场合中发言或演讲的人,开始时就清喉咙者,多数是由于紧张或不安;说话时不断清喉咙、变声调的人,可能还有某种焦虑;有的人清嗓子,则是因为他对问题仍迟疑不决,需要继续考虑。有这种行为的男人比女人多,成人比儿童多。儿童紧张时总是结结巴巴,或吞吞吐吐地说"嗯"、"啊",也有的总喜欢习惯性地反复说"你知道……"。故意清喉咙则是对别人的警告，表达一种不满的情绪，意思是说"如果你再不听话，我可要不客气了"。口哨声有时是潇洒或处之泰然的表示，但有的人会以此来虚张声势，掩饰内心的惴惴不安。

还有些短语也有一定含义。"嗯。"——表明知道了。"喔！"——表明感到惊奇。"喔？"——表明心存疑问。"好的，照此办吧。"——表明完全接受。"好，以后再说吧。"——表明不肯接受。"好，再研究研究。"——表明原则同意，办法还须讨论。"好的，你听我回音。"——表明愿意帮忙。"好的，我替你留意。"——表明没有把握。"好的，我替你想办法。"——表明肯负几分责任。

另外，当心里有事，尤其是这事与对方有比较密切的联系时，我们往往会在说话尤其是语速上表现出来。推而广之，人们内心的状态会通过说话反映出来，而内心状态的变化，又可以直接反映在语速的变化上。

语速很快的人，一般性情直率、精力充沛，同时可能有点自我和固执；语速很慢的人则往往老实厚道、行事谨慎，有时甚至有谨小慎微和过于敏感之嫌。若语速突然由快变慢或由慢变快，则表示说话者的内心正在起着变化。

总之，不同的声音会给人不同的感受。《礼记》中曾谈到内心与声音的关系："凡音之起，由人心生也。人心之动，物使之然也。感于物而动，故形于声；声相应，故生变。"对于一种事物由感而生，必然会表现在声音上。

声音是观察人物内心世界的一个可行途径。若能结合考察眼神、面色、说话态度的变化，那真实度、准确性会更高。

人的声音百变，但声音会随着心理的变化而变化，随着情感的变化而变化。所以，不管怎样掩饰，听人的声音，总能大概了解到这个人的内心，再结合对人神、貌的观察，加以印证，我们就能大概了解这个人的性格。

4.气场决定你的"来路"

现在很多人根据面相去测吉凶，这是流于迷信。而根据人的容貌气色去推断其心术品行，却是一种用人绝学。也就是现代人说的"气场"。对此细细研究，你必会受益匪浅。

曾国藩的幕府号称晚清"天下第一幕府"。其人才之盛，无人能比；其知人之明，也无人异议。

对人才的重要性，曾国藩认识得非常透彻。他认为，办天下事要用天下才，办的事越大，需要的人才就越多。他创办湘军后，自知领兵打仗非自己的长项，唯一能做的就是推行人才战略，"集众人之长，补一己之短"，"合众人之私，成一己之功"。据不完全统计，曾氏幕府二十多年间召集的幕僚达四百多人。

曾国藩重视人才，勤于搜罗人才，同时也是一位识才的伯乐，是位相人高手。左宗棠、李鸿章、彭玉麟、郭嵩焘、沈葆桢、刘蓉、李元度、罗泽南等这些晚清的栋梁之才，都出自曾国藩的门下。他的相人术并不是重于推断吉凶，而是以推断人的心术、品行居多。比如，曾国藩有相人之法十二字，六美为长、黄、昂、紧、稳、称，六恶为村、昏、屯、动、忿、遯。他的相人之法还有一些口诀，如："邪正看眼鼻，真假看嘴唇；功名看气概，富贵看精神；主意看指爪，风波看脚筋；若要看条理，全在语言中。"

曾国藩指出：山峰的表面泥土虽然会经常脱落流失，却不会倒塌破碎，就是因为坚硬如钢铁的岩石在那里支撑着，使它得以保持稳固。而岩石就相当于人的骨骼，一个人的精神状态和骨骼形貌犹如两扇大门，而其命运就如同大门外面的一座高山。只要打开精神和形骸的门，就能测知人的内心世界,这是识人的第一要诀。

曾国藩所说的"骨",并不是现代人体解剖学意义上的骨骼,而是专指与"神"相配,能够传达"神"的那些东西。"骨"与"神"的关系也可以从"形"与"神"的关系上来理解,但"骨"与"神"之间,带有让人难以捉摸、难以领会的神秘色彩,一般人往往难以把握,只有在实践中多加体会。

曾国藩说的"神"也并非日常所说的"外在精神状态",它内涵广阔,是由人的意志、学识、个性、修养、气质、体能、才干、地位和社会阅历等多种因素构成的综合物,是人的内在精神状态。它既不会随着人外在表情的变化而有所改变,也不会因人相貌的美丑而受到影响,这种内在精神是"打扮"不出来的。换句话说,"神"有一种穿透力,能越过人的外貌干扰而表现出来。比如,人们常说"某某有艺术家的气质",这种气质不会因他的发型、衣着等外貌的改变而完全消失。"神"会随着个人知识、阅历、才能的变化而有所变化。

"神"不会依附于外在物质而存在,但必须通过外在形象表现出来。如《红楼梦》中的林黛玉,一身病态,精神自然是不足的,虽得珍贵药物调养,仍然回天乏力。但她身上的冰雪聪明、弱态娇美、凄苦轻扬,却别是一种美丽。这是情态者,属神之韵。

长久审视,应主要观察人的精神;短暂一见,就要观察人的情态。情态是发自内心的真情实性,不由人任意虚饰造作。

情态又有恒态和时态两种。人的形体相貌、精神气质、言谈举止等各种形貌在恒定状态时的表现,称之为"恒态",在这里主要是指言谈举止的表现形态;不经常、短暂出现的,称之为"时态",时态与人的社会属性、社会环境密切相关。人的活动,无不打上环境和时代的烙印,脱离时代与环境而独立生活的人是不存在的。

人们的恒态有四种,即婉柔的弱态、狂放不羁的狂态、怠慢懒散的疏懒态、交际圆滑的周旋态。

弱态表现为小鸟依人，情致婉转，娇柔亲切；狂态表现为衣衫不整，倒穿鞋袜，不修边幅，恃才傲物，目空一切，旁若无人；疏懒态表现为想做什么就做什么，想怎么说就怎么说，不分场合，不论宜忌；周旋态表现为把心机深深地掩藏起来，处处察言观色，事事趋吉避凶，与人接触圆滑周到。

5.知人善任，要做到"五不"

"把合适的人放在合适的位置上。"这是我们现代人才管理中常说的一句话。很多人并不是没有才能，而只是待错了位置，才导致自己的才能不能很好地发挥出来。因此，要想人尽其才，就得先才尽其用，这就需要领导者能够做到知人善任、量才器使，这样才能保证把合适的人放在合适的位置上，保证每个位置上的人都发挥出他们最大的潜能。

曾国藩生前能获得"有知人之明"的赞誉，就是因为他慧眼识人。曾国藩的原则是"收之欲其广，用之欲其慎"，"采访宜多，委用宜慎"，也就是在"广收"的基础上要"慎用"。他声称："吾辈所慎之又慎者，只在'用人'二字上，此外竟无可着力之处。"这里的"慎用"就是知人善任。

"慎用"的核心是量才器使。"徐察其才之大小而位置之"，用其所长，避其所短。薛福成称曾国藩"凡于兵事、饷事、吏事、文事有一长者，无不优加奖誉，量才录用"。

曾国藩对人的主观能动性的深刻认识及对人才的重视和善用，在当时是出了名的。太平天国翼王石达开曾说:"曾国藩不以善战名,而能识拔贤将。"左宗棠对此也有"知人之明,谋国之忠,自愧不如元辅"的感慨。这足以说明曾国藩知人善任。他最早培养提拔的"干部",后来大多都官至高位,封疆大吏也有多人。

曾国藩喜欢读《史记·高祖本记》,特别欣赏刘邦称赞萧何、张良、韩信三人的一段话。刘邦文武平平,后得天下,可以说全在于用好了这三人,而使这三人各尽其才便是刘邦的本事。曾国藩以文人身份带兵,深知自己打仗既无才,又无经验,所以,他时刻不忘像刘邦那样,选好人,用好人。

要真正做到知人善任、量才器使,首先要懂得如何去认识人。曾国藩主张"不可因微瑕而弃有用之才"。他写信给弟弟说:"好人实难多得,弟为留心采访。凡有一长一技者,兄断不肯轻视。"有材不用,便是浪费;大材小用,也有损于事业;小材大用,则危害事业。曾国藩说:"虽有良药,若不是对症下药,也是形同废物;虽有贤才,如果没有发挥其作用,那么与庸俗之辈也无什么两样。栋梁之材不可用来建小茅屋,牦牛不可用来抓老鼠,骏马不可用来守门,宝剑如用来劈柴则不如斧头。用得合时合事,即使是平凡的人才也能发挥巨大作用,否则将一无所成。因而不担心没有人才,而担心不能正确使用人才。"

为了"慎用",必须对人才时时加以考察。曾国藩说:"所谓考察之法,何也?古者询事、考言,二者并重。"就是说,要对下属的办事情况和言论情况同时进行考察,而曾国藩尤其注重臣下的建言。当时,"考九卿之贤否,但凭召见之应对;考科道之贤否,但凭三年之京察;考司道之贤否,但凭督抚之考语"。曾国藩说:"若使人人建言,参互质证,岂不更为核实乎?"通过建言,上司可以收到集思广益的效果,也可以借此观察下属的才识深浅。

曾国藩幕府人才众多,但没有一个是滥竽充数的,个个都有真才实学。在量才录用的基础上，曾国藩用其所长，尽其所能，他幕府中的人有做封疆大吏的，有做水师将领的，有操办对外贸易的，有担任财物部长的，有担任秘书工作的，有负责产品开发的，各种人才各展所长，这些都是曾国藩推荐提拔的结果。

知人善任的例子，历史上还有很多，比如：曹操让作风正派、清正廉明的崔琰和毛玠去主持选拔官员的工作，他们两个选拔推荐上来的果然都是德才兼备的人才；让任劳任怨的枣祗和任峻两个人去屯田，结果曹操的屯田制得到了贯彻和落实，获得了丰厚的粮草和经济基础；曹操手下最负盛名的几个将军中，于禁、乐进拔于"行阵之间"，张辽、徐晃取于"亡虏之内"，"其余拔出细微，登为牧守者不可胜数"。其中，大将张辽独当一面，曾经在逍遥津大败孙权，差点活捉孙权。

知人善任，当然首先得有人才，广纳贤才只是使用人才的第一步。如果你招纳的贤才很多，却不能让他们发挥自己最大的作用，就等于没有人才。知人善任，包括知人与善任两个相互联系的层面。"为政之本，在于选贤"，选贤务必知人善任。知人就是要了解人，善任就是要用好人；知人是善任的前提，善任是知人的目的；通过知人以达到善任的目的，又在善任中进一步知人、识人。

知人，要做到"五不"：不以好恶而取才；不以妒谤而毁才；不以卑微而轻才；不以恭顺而选才；不以小过而舍才。

善任，要做到"五坚持"：坚持德才兼备；坚持重用人才；坚持用人所长；坚持注重实绩；坚持明责授权。

6.管理人才，两手都要硬

一个好的管理者，首先要能够管理好手下的人才，发挥出他们最大的作用。在曾国藩看来，"得人不外四事，曰广收、慎用、勤教、严绳"。广收，就是广泛招揽人才；慎用，就是仔细考察，通过多加培养和教育，合格了就加以重用；勤教，就是多教育培养人才；严绳，就是培养、选拔时要有严格的标准。

管理人才除了要有严格的标准外，还有一个很重要的前提，那就是先了解人才，这样才能做到有针对性、有区别性地管理人才。

刘铭传生长在民风强悍的淮北平原，自小养成了天不怕地不怕的豪霸之气。后来，他在乱世中自己拉起了一支队伍。李鸿章奉命组建淮军时，将他的队伍募入淮军，命名为"铭军"，并给"铭军"装备了洋枪洋炮等近代武装。这支队伍为李鸿章建立功业出了不少力，但对于刘铭传的倨傲狂妄，李鸿章也着实恼火。后来，曾国藩借用淮军剿捻，李鸿章就把"铭军"拨给了老师，希望曾国藩能够熏陶、管教一下刘铭传。

在"剿捻"过程中，刘铭传军与另一悍将陈国瑞军发生了争斗。事情发生后，关于怎么处理，曾国藩犯了难。不处理吧，于事不公，双方都不能平心静气，今后还会内讧；处理吧，这是李鸿章的属下，且刘铭传有勇有谋，又有洋枪洋炮，今后自己还要倚重他。后来，曾国藩想了个万全之策，就是对刘铭传进行了严厉斥责，嘴上说得狠，但对其过失不予追究，使他心生畏惧。这一招果然管用，不久，曾国藩就调"铭军"独自赴皖北去作战了。

刘铭传固然桀骜不驯，却也是一个不可多得的将才，只要驾驭得当，就可以让他多发挥打仗的才能。

在处理同一事件的另一个当事人陈国瑞时,曾国藩软硬兼施,成功收服了陈国瑞,使他死心塌地地跟着曾国藩拼杀疆场。

陈国瑞没读过书,性格耿直、倔强、暴躁,但打起仗来异常骁勇。他不仅敢打仗、会打仗,还能以少胜多,临阵决断又有谋略,是个性情中人,喜欢听人讲《孟子》,对那些名儒很尊重亲近,既不好色又不贪财。他15岁时,在家乡湖北应城投了太平军,后来又投降清军,几经辗转被收在僧格林沁部下。曾国藩知道,只有让他真心地服自己,才有可能在今后真正地使用他。

于是,曾国藩拿定主意,先以凛然不可侵犯的正气打击陈国瑞的嚣张气焰,继而历数他的劣迹暴行,使他知道自己的过错和别人的评价;当他灰心丧气、准备打退堂鼓时,曾国藩又话锋一转,表扬他的勇敢、不好色、不贪财等优点,称赞他是个大有前途的将才,切不可因莽撞而毁了前程,使陈国瑞又重新振奋起来。紧接着,曾国藩坐到他面前,像平时谈话那样谆谆教导他,给他订下了不扰民、不私斗、不抗令这三条规矩,一番话说得陈国瑞口服心服,无言可辩,只得唯唯退出。

但是,陈国瑞脾性难改,一回营就照样不理睬曾国藩所下的命令。看到软的作用不大,曾国藩马上请到圣旨,撤去陈国瑞军务之职,剥去黄马褂,责令其戴罪立功,以观后效,并且告诉他再不听令就撤职查办。陈国瑞只好表示听曾国藩的话,率领部队开往指定地点。

曾国藩的软硬两手成功制住了刘铭传和陈国瑞这两位骁勇之士。

由此,我们可以看到,领导者想要提高自己的统御力,除了要懂得以情驭人的"温柔之法"外,还应懂得强硬管束。对于一些实在不好管教、不受束缚的下属,完全可以"心狠手辣"一点,让他们要么离职走人,要么乖乖戴上"紧箍咒"。

　　如果管理者高高在上,工作上不体恤下属的艰辛,生活上不关心下属的困难,情感上不过问下属的冷暖,这就完全背离了人性化管理的要求,是为"不恩";管理者虽然谦恭低调,但却一味无原则地迁就下属,对下属的错误言行不予指正,逐渐助长下属的歪风邪气,致使他们不听指挥、不服管教、不受约束,是为"不威"。毋庸置疑,这两种极端都是要不得的。因此,管理者必须掌握恩威并重的管理艺术。

　　日本松下电器创始人松下幸之助认为,企业管理者对待下属,应该像慈母的手紧握钟馗的利剑一样,平日里给予无微不至的关怀,犯错误时给予严厉的批评或惩罚,恩威并施,宽严相济,这样才能提高管理者的威信,从而成功地驾驭下属。

　　随身听曾是索尼公司最重要的电子产品之一。一次,一家分厂的产品出了问题,总公司不断收到客户的投诉。后来经调查发现,原来是随身听的包装上出了点问题,但并不影响随身听的使用,分厂立即更换了包装,解决了客户投诉的问题,可是公司总裁盛田昭夫并没有就此罢手。

　　分厂厂长被叫到总公司的董事会议上,要求对这一错误作陈诉报告。在会上,盛田昭夫对他进行了严厉的批评,并要求公司上下引以为戒。这位厂长已经在索尼公司干了几十年,这是他第一次在大庭广众之下受到如此严厉的批评,所以他感到异常难堪和尴尬,禁不住失声痛哭起来。

　　会议结束后,他精神恍惚、有气无力地走出会议室,正考虑着准备提前退休,盛田昭夫的秘书却突然把他叫住,热情地邀请他一块儿出去喝酒。在酒吧里,这位厂长不解地问:"我现在是被总公司抛弃的人,你怎么还这样看得起我呢?"盛田昭夫的秘书回答说:"董事长一点也没有忘记你对公司的贡献,今天的事情也是出于无奈。会议结束后,他担心你为这事伤心,特地派我来请你喝酒。"

接着，秘书又说了一些安慰和鼓励的话，这位厂长极端不平衡的心态这才稍稍缓和了一些。喝完酒，秘书又把他送回家。刚一进家门，妻子就迎上来对他说："你真是一个备受总公司重视的人！"

这位厂长听了感觉很奇怪，难道妻子也来挖苦自己？这时，妻子拿出一束鲜花和一封贺卡说："今天是我们结婚20周年的日子，你都忘记了！"

这位厂长更加疑惑不解了："可这跟我们总公司又有什么关系？"原来，索尼公司的人事部门对每位员工的生日、结婚纪念日等重要节日都有记录，每逢这样的日子，公司都会为员工准备一些鲜花、礼品。只不过今年有些特别，这束鲜花是盛田昭夫特意为这位厂长订购的，并附上了他亲手写的一张贺卡，以勉励这位厂长继续努力。

盛田昭夫不愧为一个恩威并施的高手，为了总公司的利益，他对下属的错误不能有丝毫的宽贷，但考虑到这位厂长是位老员工，而且为索尼公司做出过突出的贡献，为了有效地激励他改正错误，更加积极努力地为公司效力，又采取了请喝酒、送鲜花的方式对他予以安抚和鼓励。盛田昭夫这种恩威并重的管理方法，被很多人称为"鲜花疗法"。

那么，管理者应该如何做到恩威并施呢？

（1）以人为本顺民意

管理者应该对下属多一些人文关怀，放下架子主动和下属多接触、多交流、多谈心，以清楚地了解他们的心理诉求，并给予他们力所能及的帮助。切忌以领导自居，高高在上，对下属不闻不问，甚至拒人于千里之外。此外，管理者在做重要决策时要民主一些，主动征求下属的意见，以争取下属最广泛的理解和支持。

（2）赏罚分明树正气

管理者如果有功不赏、有过不罚，必然无法鼓舞士气，无法激发下属工作的积极性，这样一来，整个企业团队就会逐渐丧失凝聚力和战斗力，从而导致政令不畅。因此,身为管理者,必须做到赏罚严明,赏要赏得众望所归,罚要罚得心悦诚服,这样才能树立起管理者的权威。

(3)刚柔相济立威仪

对待下属,管理者应以亲善为主,常带微笑,让下属如沐春风。冷若冰霜、一脸严肃的领导者只会让下属敬而远之。但是,管理者也不能做没有原则的老好人,对待下属的错误言行必须及时指出,晓之以理,动之以情。如果下属所犯的错误比较严重,则必须予以相应的批评和惩罚。这样,管理者才会既有亲和力,又有不怒而威的威仪。

7.用铁的纪律约束每一个成员

在用人方面赏罚分明,历来是领导者统领队伍、打造有战斗力的团队的不二法则。诸葛亮挥泪斩马谡是治军赏罚分明的典型案例。曾国藩作为湘军统帅,自然也是深谙其道。

曾国藩很清楚自己在带兵打仗方面缺乏才干。他组建湘军,一方面是作为朝廷命官被委以重任难以推辞,另一方面是自己心中有"成不朽功勋"的圣贤情结。曾国藩初建湘军,一开始并未想要名扬天下,只是迫于朝廷的压力,为了完成任务。然而,当时的清王朝贪贿成风、腐化堕落,导致国无良将、将无良兵,清军在气势如虹的太平军面前不堪一击,甚至望风而逃。这让曾国藩清楚地认识到,清军溃败的原因在于将领平日骄奢淫逸,兵士缺乏斗志、贪生怕死。所以,创建湘军时,曾国藩把赏罚分明、严肃军纪放在了第一位,要求各部精诚团结、形如一体。

曾国藩对部属的要求极为严格，立下的军令必须做到。他认为，"视委员之尤不职者，撤参一二员，将司役之尤不良将，痛惩一辈"，如此，"自然人知做慎，可望振兴"。他经常引用孙武演兵杀宠姬的故事来说明这个道理。

曾国藩是这么说的，也是这么做的。李元度是曾国藩的"辛苦久从之将"，曾国藩自称与李"情谊之厚始终不渝"，在靖港、九江、樟树镇屡战屡败的艰难岁月中，他一再得到过李元度的有力支持，但李元度丢失徽州以后，曾国藩仍将其弹劾去职。

1860年，太平军攻打徽州。徽州得失关系重大，李元度领兵前去救援。因为李元度并不精于用兵，曾国藩怕他有闪失，就一再告诫要守住徽州，不得轻易接仗。

然而，当太平军李世贤部来攻时，李元度却违反了曾国藩"坚壁固守"的指令，出城迎战，结果一败涂地，丢失了徽州，犯了和当年马谡类似的错误。

面对这种情况，曾国藩做了和当年诸葛亮差不多的事情。他倒是没有挥泪斩李元度，而是在悔恨交加之余，为严肃军纪，决定上疏弹劾李元度。很多人都反对曾国藩这么做，有的人甚至指责他背离恩义，有失恢弘之气，李鸿章也表示要"率一幕人往争"，但曾国藩仍不为所动，顶住压力弹劾李元度。

李元度与曾国藩交情深厚，且有过大功，这样的人违反军令尚且会被弹劾，更别说别人了。这一轰动事件传出后，众将都很害怕，也更加了解了军法无情，没有任何商量的余地。

公司的各种规定大都是老板与高级管理者共同制订出来的。如果这些规定只是给普通员工制订的，就会在无形中告诉员工：领导和员工是不一样的，在同样的错误面前，受到的"待遇"是截然不同的。这等于是把领导分为一派，把普通员工分为一派，这样很容易导致领导失去威信，不利于整个团队凝聚力的形成。如果不希望公司出现这些不良后果，管理者就要学会以身作则，为普通员工树立一个好的榜样。

在有着和谐氛围的公司里，领导从来不认为自己高人一等，他们和普通员工是平等的，领导犯错时，员工也敢于指出他的错误。美国IBM公司董事长沃森身上就发生过类似的事情。

有一次，沃森陪同一个国家的王储参观工厂，走到门口时，被两位警卫拦住了。"对不起，先生，您不能进去，进入IBM的厂区需要佩戴蓝色的胸牌，进入行政大楼的工作人员佩戴的是粉红色胸牌。您佩戴的是粉红色胸牌，因此不能进入厂区。"

沃森的助理彼特对警卫叫道："这是IBM的董事长沃森，你们难道不认识吗？现在我们要陪重要的客人参观，请你让开。"警卫说："我们当然知道这是沃森董事长，但公司规定必须佩戴蓝色胸牌，所以，我们必须按照规定办事。"

这件事给了沃森很大的感触。他认识到自己作为领导，没有做好表率，因此，他非但没有责怪警卫，还表扬了他们，然后安排助理赶快更换胸牌。

看看这些大公司的领导，他们对待公司的规定从来都是一视同仁地遵守。即便他们也违反过公司的规定，但他们能及时认识到错误，并且按照规定改正，这种认错和守纪的意识，是值得我们学习的。

一个企业如果没有制度和纪律，就必然会造成整个企业执行力的缺失，以及部门的内耗、操作系统的紊乱。所以，在一个企业里，敬业、服从、协作等精神永远都是最重要的。当然，这些品质不可能与生俱来，所以，对员工进行培训和灌输纪律意识尤为重要，就像军队不断要求每个人的着装和仪表一样，这是要让所有人都明白："纪律只有一种，这就是完善的纪律。"

当然，从学习规则、遵守纪律、树立纪律意识、刻意使自己的行为服从于纪律，到自觉把纪律变成自己的习惯，需要一个较长的过程，需要克服自身许多不完善之处。但只有把纪律变成习惯，公司才能具备持久的战斗力。每一个企业员工都要具有强烈的纪律意识，在不允许妥协的地方绝不妥协，在不需要借口的时候绝不找借口——比如质量问题、对工作的态度等。

由此看来，对组织而言，纪律就是有形的规章制度和无形的企业文化，属于约束行为的范畴。但是对管理者则有着更深一层的意义：纪律是管理者个人本身的管理品格。组织的运作需要有明确的规章制度作为行事规范，但是要让规章制度发挥效用，就需要管理者有以身作则、落实纪律的精神，因为，一位没有纪律的管理者是无法有效地领导团队的。

8.把握激励的艺术

一个好的统帅想要让手下为自己"卖命"，就得知道怎样调动手下的积极性和主动性。纪律历来都是效率的保证，有铁的纪律才能打造铁一样的军队。但是，光约束不激励是不行的。缺少激励就缺少动力，缺少动力，员工自然就不会去"卖命"。

曾国藩很懂得用树立功勋意识来激励士气。

在湘军连续攻克湖南岳州、湖北武汉与汉阳之后，曾国藩心想，打胜

仗的湘军将领可以按朝廷的规定升官晋级,但他要如何感谢这一群陪他
出生入死的湘军弟兄呢?

曾国藩苦思了一天,决定命令属下打造100把精美腰刀,在刀面上刻
着"涤生(曾国藩的号)曾国藩赠",每一把腰刀都有专属的编号。

在颁发腰刀的前一天晚上,曾国藩考虑了好久,决定只颁发50把腰
刀,以彰显建首功军官的身价。

第二天下午,曾国藩安排了一个隆重的授刀典礼,在操场集合了将
近400位湘军军官,所有与会军官都穿着正式的朝服,大家都翘首企盼曾
国藩即将颁发的奖赏。

曾国藩在台上命令兵勇抬出一个沉甸甸的木箱,现场所有人都睁大
眼睛注视着曾国藩手中的腰刀,心想:这编号第一号的腰刀会颁给谁呢?
曾国藩用低沉的嗓音高喊:"湖南水路提督塔齐布!"随后又陆续颁发了
49把腰刀。

从此,曾国藩所赠的腰刀成为了湘军重要的奖励象征,每个人都在
战场上奋勇杀敌,希望能够获得这样稀有的殊荣。

如今正处在一个飞速发展的变革时代,企业管理者们面临着空前的
压力和挑战。一个出色的企业领导者,必须具备推动企业发展、带领员工
前进的各种能力,而每一个员工所拥有的能力和他在工作中发挥出的能
力是不对等的。一个人能力的发挥,在很大程度上取决于激励。激励就是
充分发掘员工的潜能,调动员工的积极性,为企业创造更多的价值和利
润。因此,管理者必须把握激励的艺术。

(1)物质激励和精神激励相结合

物质激励是激励的主要模式和手段,也是企业常用的激励方式。但
有些管理者认为,只有奖金等物质激励做足了,才能调动员工的积极性,
于是不分工作轻重、责任大小、绩效高低乱发奖金,结果耗费不少,效果

却不佳；也有些企业当核心员工提出辞职时，首先想到的是如何用加薪来挽留，却忽视了精神方面的激励作用。物质激励是基础，精神激励是根本。在现实工作中，管理者既要重视物质激励，又要重视精神激励，并把两者有机地结合起来，才能充分调动员工的积极性和创造性，使之为企业发展效力。

（2）考虑个体差异，实行差别激励

影响员工工作积极性的因素，主要有工作性质、领导行为、个人发展、人际关系、工资福利和工作环境等，在制订激励机制时一定要考虑到个体差异，因人而异。如在年龄方面，80后、90后新生代员工与70后员工的个性特点、择业观等均不同；在企业文化方面，高学历的知识型员工更注重自我价值的实现，既包括物质利益方面的诉求，也更需要精神方面的满足。所以，企业管理者在制订激励机制时，一定要考虑到企业的特点和员工的个体差异，这样才能收到最大的激励效果。

（3）正激励与负激励相结合

所谓正激励，就是对下属符合组织目标的期望行为进行奖励；负激励，就是对下属违反企业制度和法律法规的非期望行为进行处罚。正负激励都是必须而有效的，不仅作用于当事人，而且会间接地影响周围其他人。企业管理者激励下属，必须坚持以正面激励为主，通过积极的、正面的激励保持员工队伍的蓬勃朝气、昂扬锐气和浩然正气，形成团结向上、奋发有为、开拓进取的良好局面。当然，在充分运用好正激励的同时，适当的负激励也是不可或缺的，对违规违纪的员工进行相应的惩罚很有必要。

（4）激励个体与群体相结合

任何一个企业，优秀员工的脱颖而出都离不开部门及其团队成员的支持。良好的团队氛围是员工成长进步的先决条件。在实施激励时，处理好激励个体与激励群体的关系，有助于发挥员工与集体的互促共进作用。如果忽视个体作用,只注重对群体的激励,就可能会造成"干好干坏一个样"的平均主义;而如果过分强调个体贡献,不顾及群体因素的存在,则容易影响大多数团队成员的积极性。

(5)多渠道与多层次相结合

企业可以根据自身的特点,建立和实施多渠道、多层次的激励机制。例如,让有突出业绩的业务员和销售人员的工资和奖金比他们的上司还要高许多,这样就能使他们安心于现有的工作,而不是煞费苦心地往领导岗位上发展。要想办法了解员工的需要,分清哪些是现在可以满足的,哪些是今后努力才能做到的,把激励的手段、方法与激励的目的相结合,从而达到激励手段和效果的一致性。

企业可以采取的激励手段灵活多样,要根据不同工作、不同岗位、不同的人、不同的情况制订出不同的制度,而不能靠一种制度"从一而终"。

第十章

养 身 功 夫

——形神共养,心理平衡是健康的基石

1.养生先养心

曾国藩提出了一个重要的养生观点——养生先养心。"心理平衡"是健康长寿的基石。所谓"心理平衡",就是心情要"静",不能大喜大悲、大怒大哀,任何情绪都不能反应过度,要尽量保持平静。

何谓"养心"?《黄帝内经》认为是"恬虚无",即平淡宁静、乐观豁达、凝神自娱的心境。

中医认为,德高者五脏淳厚、气血匀和、阴平阳秘,所以能健康长寿。庄子说,有修养的人"平易恬,则忧患不能入,邪气不能袭";管子说,"人能正静,皮肤裕宽,耳目聪明,筋信而骨强";荀子也说,"有德则乐,乐则能久";孔子精辟指出,"大德必得其寿";唐代"药王"孙思邈则认为,"德

行不克,纵服玉液金丹,未能延年","道德日全,不祈善而有福,不求寿而自延,此养生之大旨也"。

孔子主张"仁",其基本思想是"己欲立而立人,己欲达而达人"和"己所不欲,勿施于人",具体可以概括为恭、宽、信、敏、惠、智、勇、忠、恕、孝、弟等。"恭"有谦逊、尊敬之义;"宽"有宽容、宽大之义;"信"有诚信、有信用之义;"敏"有勤勉之义;"惠"有柔顺之义;"智"有智慧、智谋之义;"勇"即勇敢之义;"忠"有忠诚、尽心竭力之义;"恕"有仁爱、宽宥之义;"孝"为善待父母;"弟"同"悌",为敬爱兄长之义。一个人如果能仁全如此,其心境必定是欣慰和宽松,而不是懊恼、愤恨和作奸犯科后的恐惧,因此,孔子认为"仁者寿"。善良者能获得内心的温暖,缓解内心的焦虑,故而少疾;恶意者终日在算计与被算计之中,气机逆乱,阴阳失衡,故而多病而短寿。

中医还有"易性"的养心方法。所谓易性,即通过学习、娱乐、交谈等方式,来排除内心的悲愤忧愁等不良情绪。具体方法因人因事而异,如"取乐琴书,颐养神性",或"看书解闷,听曲消愁,有胜于服药",或"止怒莫若诗,去忧莫若乐",或"劳则阳气衰,宜乘车马游玩",或"情志不遂……开怀谈笑可解"等。事实上,图书、音乐、戏剧、舞蹈、书法、绘画、赋诗、填词、雕塑、种花、垂钓等,都可起到培育情趣、陶冶情性的作用。

还有一种"养心"方法是哲理养心,主要是要掌握对立统一和一分为二的观点,可以借鉴明末清初著名哲学家王夫之提出的"六然"、"四看"。所谓"六然",就是"自处超然",即超凡脱俗,超然达观;"处人蔼然",即与人为善,和蔼相亲;"无事澄然",即澄然明志,宁静致远;"失意泰然",即不灰心丧志,轻装上阵;"处事断然",即不优柔寡断;"得意淡然",即不居功自傲、忘乎所以。所谓"四看",就是"大事难事看担当",能担当得起;"逆境顺境看襟怀",能承受得起;"临喜临怒看涵养",能宠辱不惊;"群行群止看识见",能去留无意。

曾国藩在总结前人的基础上，提出了自己的"养心"办法：一是"慎独"，认识善恶，进行道德自省，心中安泰，清心寡欲；二是"主敬则身强"，一个人无论内外，皆须庄重宁静，"能固人肌肤之会筋骸之束"；三是"求仁则人悦"，胸怀万物，顺应天地之理；四是多习于勤劳，少安逸享乐，因为勤劳使人长寿，安逸使人早亡。

在养心的基础上，他认识到，要想真正达到养心的目的，首先要治气。

儒家的另一位代表人物荀子早就提出了类似的观点。

荀子认为，在人的生命运动过程中，"神"和"气"起着关键作用，故曰："心者，形之君也，而神明之主也。"所以，荀子的修身特别强调"治气养心"，他把"治气养心"和治学处世结合起来，称为"扁（遍）善之度"。

怎样"治气养心"呢？荀子将它分为两个阶段。第一阶段是陶冶性情。他主张针对各人性情上的弱点，在日常生活中反其道而治之。这样日复一日地陶冶性情，就能改善自身先天禀赋的不足，达到"治气养心"的目的。比如，有的人怒气盛，那就让他练习将心态放平和；有的人血气刚强，那就让他练习变得柔顺一些，等等。

第二阶段是在陶冶性情的基础上做进一步的修养，其要旨有三：曰礼，曰一，曰诚。《荀子·修身》曰："凡治气、养心之术，莫径由礼，莫要得师，莫神一好。"这里提到了"礼"和"一"，而"诚"则是前提。

曾国藩主张用读书的办法来实现治气的目的，用读书养浩然之气。心中坦然、精神愉快，是人们普遍的养生经验，是长寿的最好的秘诀之一。而要做到这些，当追求"以光辉灿烂的事物充满人心的学问，如历史、寓言、自然研究皆是也"。曾国藩多次强调这种读书对养生的作用。

他的两个儿子曾纪泽、曾纪鸿体质薄弱，曾国藩劝他们多读并多临摹颜字之《郭家庙》、柳字之《琅琊碑》和《玄秘塔》，希望以其丰腴的墨气、坚韧的骨力充实他们的生命气质。他还希望他们在吟诗写字、陶冶性情时,学习陶渊明、谢朓的冲淡之味、和谐之音、潇洒胸襟……也就是说,以文化的力量,潜移默化地影响人的精神世界,再经由精神世界影响人的物质世界(生命体),达到养生的目的。

"莫将身病为心病",这是明代思想家王阳明的名言。意思不言自明:心理负担过重,心累对身体康健毫无益处。人们常说:"肩上百斤不算重,心头四两重千斤。"可见情绪对健康的影响是极大的。

古人的养生之道,在于宁心养神。《素向·上古天真论》记载:"怡淡虚无,真气从之,精神内守,病从安来。"这就是说,心情平静,不动杂念,疾病便无从发生。所以,做到心情舒畅、安然自得,便可以延年益寿。

2.慎独则心安

"慎独"这个词出自《礼记·中庸》:"君子戒慎乎其所不睹,恐惧乎其所不闻。莫见乎隐,莫显乎微,故君子慎其独也。"意思是说,在最隐蔽的时候最能看出一个人的品质,在最微小地方最能显示人的灵魂,一个真君子,即使在没人的时候也不会显现出一点不好的言行,而是表现得像在人前一样。

也就是说,一个人即使是在独处的时候,对自己的行为也要严格加以检束。

曾国藩在他的日记中写道:"慎独则心安。自修之道,莫难于养心。心既知有善知有恶,而不能实用其力,以为善去恶,则谓之自欺。方寸之自欺与否，盖他人所不及知，而已独知之。故《大学》之《诚意》章，两言慎独。果能好善如好好色，恶恶如恶恶臭；力去人欲，以存天理，则《大学》之所谓自慊，《中庸》所谓戒慎恐惧，皆能切实行之。即曾子之所谓自反而缩，孟子之所谓仰不愧、俯不怍。所谓养心莫善于寡欲，皆不外乎是。"

"慎独"就是人前君子，人后亦君子，这一点对于修身是非常重要的。想要坚持"慎独"，就要在"隐"和"微"上下功夫，即人前人后都是一个样，不让任何邪恶念头萌发，这样才能防微杜渐，使自己的道德品质高尚。

从小，我们受到的教育就在我们内心埋下了善恶的标准，但重要的不是我们心里有善恶，而是我们的行为要能够遵守内心的标准，不做违反善的行为，尤其是在没有别人监督的情况下。

君子慎独，话虽这么说，但慎独不该只是先哲和圣贤们的追求，每个人都应该努力去践行。

慎独是社会生活的净化器。如果一离开别人的眼睛，个人的私欲就成为至高无上的追求，驱使你降低自己的道德标准来快活自己，那就说明你已经在悄悄地腐败。这样的你，即使再华丽的外表，也无法掩饰你内心的丑陋。

慎独来自于不断地自我反省，它可以使你的内心更加清朗透彻，让你的人格越发坚韧。慎独还是一面盾牌，帮你抵御来自方方面面的不良诱惑，使你踏实做事、坦荡为人，让我们这个社会更加的文明有序、相处和谐。

还有些人，平时看起来中规中矩，但一遇到事情，他的本性就暴露无遗，所有的美好形象不复存在，行为举止不再温文儒雅，言谈不再礼貌舒服，取而代之的是粗俗、毫无气质和美德可言。

著名的漫画家丰子恺先生画过一幅非常能体现"慎独"题材的漫画，画上的题词是"无人之处"。画上的那个人在有人的时候总是戴着一个面具，笑容礼貌客气，但是没有人的时候，他就会摘下面具，面具后的面目狰狞丑陋，令人作呕。这就是"伪君子"，当面一套，背后一套，表里不一。与之不同的是，真正的君子任何时候都是一个样，不会因为有人或没人而改变自己的言行。

慎独是一个人内在品质的试金石，也是人生正己修身的必修课。生活在这喧嚣的浮世中，鲜花、掌声和赞美有时会让我们无法看清自己。但慎独却可以锻炼我们，警醒着自己不可失了分寸，不能没了尺度。久而久之，这就会成为一种习惯，而慎独之人也会真正成为一个表里如一的君子。

慎独是一种宝贵的品德，它如空谷幽兰，即使不在人们的视野范围之内，在高山峡谷中也能坚守自己的本分，保持自己的操守，守着天地，径自绽放，静默飘香。

3.治身不静则身危

曾国藩在"静"字上下足了功夫，他说："治身不静则身危。"然而，曾国藩并不是一开始就懂得如何做到清静，道光二十二年(1842)，他在写给弟弟的书信中说："应酬日繁，予以素性浮躁，何能着实养静？"由于心浮气躁，曾国藩曾吃过大亏。

曾国藩初踏社会，血气方刚，年轻气盛。太平天国起义后，曾国藩来到湖南衡州办团练，动辄指摘别人，尤其是与绿营的摩擦斗法，与湖南官场的离异不合，还有在南昌与陈启迈、恽光宸的争强斗胜，都对他造成了不利的影响。锋芒毕露、刚烈太甚，必然会伤害太多人，给自己设置许多障碍，埋下许多意料不到的隐患。

当一次次在浮躁身上吃到苦头后，曾国藩开始强迫自己"静"下来，注重养心。在战火纷飞的忧患时世，曾国藩的养心功夫派上了用场。

同治三年(1864)五六月间，曾国藩的弟弟曾国荃率领吉字营5万人马，在围攻江宁两年后，战争已进入最后见分晓的时候。双方这次都拼死一战，因此打得十分惨烈。吉字营对这场仗并无胜算，加上当时各方矛盾重重，甚至波及了曾氏家族，所以此事不仅仅是"公事"，更是他最重要的"私事"。曾国藩的一颗心被江宁战事悬系着，终日紧锁眉头，烦躁不安，无法宁静下来。然而，除了等消息，他无计可施。曾国藩这时想起了早期在京师的"静坐"功课，于是在安庆江督衙门的三楼上特辟了一个静室，每天下午四五点钟的时候，他就独自一人在静室里坐一个小时：摒去一切杂念，凝神枯坐。这招果然有效果：上楼时心乱如麻，下楼时心闲气定。就这样持续了一个多月，直到曾国荃的捷报传来。

曾国藩对此感悟道：只有心静到极点时，身体才能寂然不动，尽管号称没有丝毫杂念，但毕竟未能体验出真正的"静"境来。真正的"静"境是在封闭潜伏到极点时，逗引出一点生动的意念来，就像冬至那一天，阴气殆尽，阳气初动一样。

然而，对于现代人而言，"修心养性""闹中取静"好像是个遥远、奢侈而又带点不可捉摸的神秘色彩的字眼，虽然感觉到生活节奏太快、负担太重、压力太大，要休养生息，强化个人修养，却往往不知道应该从哪里开始。

久别的朋友见面，大多会彼此在一起抱怨自己活得多累，每天忙忙碌碌却不知道自己到底在做什么，有时特别想找一个没有人的地方大哭一场，家庭的重担、工作的压力、人际的复杂，如大山般压在心头，让人喘不过气来,而唯一一点属于自己的时间,却都用在了为明天的前途忧虑上。

这些抱怨者,大多都是一些事业有成、有车有房、家庭美满的人,别人羡慕他们还来不及,而他们却觉得自己活得不幸福。究其原因,就是因为他们患上了"心灵担忧症",而对付这种"病"的办法只有一个,那就是不要想得太多。

有一个年轻人到了服兵役的年龄,他被分配到了最艰苦的部队——海军陆战队。年轻人为此感到非常忧虑,几乎到了茶不思、饭不想的地步。年轻人有个颇有智慧的祖父,他见到自己的孙子整天都是这副模样,便寻思着要好好地开导他。

这天,祖父对这位年轻人说:"孙子,其实这没有什么可忧虑的。就算是当了海军陆战队,但到部队里,还是有两个机会,一个是内勤职务,另一个是外勤职务。你有可能被分配到内勤单位,这就没什么好忧虑的了!"

年轻人却没有这么乐观,他忧心地问道:"那如果我被分到外勤单位呢?"

老祖父说:"那也还有两个机会,一个是可以留在本岛,另一个是被分到外岛。你如果被留在本岛的话,那也没什么可忧虑的呀!"

年轻人又问:"那如果我不幸被分到外岛呢?"

老祖父说:"那不是还有两个机会吗?一个是待在后方,另一个是被分派到最前线。如果你是留在外岛的后方单位,也是很好的,也不用忧虑啊。"

年轻人再问:"那如果我被分派到前线呢?"

老祖父说:"那还是有两个机会,一个是只站站岗卫,平安退伍,另一个是会遇上意外事故。如果你只是站站岗,依然能够平安退伍,这也没什么可忧虑的！"

年轻人仍然问道："那么，如果是遇上意外事故呢？"

老祖父说："那还是有两个机会，一个是受轻伤，可能把你送回本岛；另一个是受重伤，无法救治。如果你只是受了轻伤，被送回本岛，也不用忧虑呀！"

年轻人最为恐惧的就是这个，他颤声地问道："那……如果非常不幸是后者呢？"

老祖父大笑起来，然后说道："若是遇上那种情况，你人都死了，更没有什么可忧虑的了！忧虑的倒该是我了，那白发人送黑发人的痛苦场面，可并不好玩哟！"

生活不可能像心目中所期望的那样美好，它有酸甜苦辣，有悲情苦楚，也有许多忧虑。忧虑来源于生活，来源于对未知世界的不了解，也来源于自身的担忧和顾虑。许多烦恼本不存在，但是在多虑的情况下，任何情况都可能造成你的忧虑。

个人的力量是渺小的，谁都无法与宿命抗衡，改变不了既定的事实。所以，不如顺其自然，静观其变，做好自己能做到的事情，只要无愧于心，此生便已无憾。

曾国藩认为凡事只要能做到"静"，就可以很好地解决问题。很多时候之所以会引起冲突，就是内心不静的原因。在养生上，他更是强调"静"的作用。只不过养生的"静"还可以拓展为"淡然"、"淡泊"等。他说："人心能静，虽万变纷纭亦澄然无事；不静则燕居闲暇，亦憧憧亦靡宁。静在心，不在境。"

4.做自己情绪的主人

　　一个人一生中会遇到很多烦心事,也需要解决很多烦心事,如果无法耐下心来,这些事情就会解决不好。尤其是在工作中,很多事情简直是千头万绪,有的甚至是你非常反感的,却不能由着自己的性子来。有的人,解决掉一件烦心事还可以,两件也还凑合,到了第三件必定会暴躁不已;有的人对付小麻烦可以,遇到大麻烦就束手无策了;有的人替别人解决麻烦事很应手,但一到自己头上就傻眼。这样就有可能心浮气躁,做出一些不理性的事情,给自己带来不好的后果。

　　曾国藩以忍见长,隐忍成就了他的辉煌。他认为,为官之道,要忍别人所不能忍。有人曾经告诫曾国藩:"居官以耐烦为第一要义。"曾国藩觉得这句话非常正确。他说的耐烦,就是要控制自己的情绪,要遇事冷静,不可急躁行事。

　　在曾国藩看来,古往今来的失败者,当然也包括那些英雄们,大多都败在气度不够开阔、不能耐烦、不能控制自己的情绪上,这是应当引以为戒的。曾国藩认为,处事能够做到耐烦,主要来源于平时对心性的修养。他还引用庄子的话"美成在久",来教导身边的人。

　　他对大家说,骤然为人信服的人,他所得到的信任是不牢固的,因为一个人如果突然之间就名噪一时,那么他的名声一定大于实际情况;品德高尚、修养很深的人虽然没有赫赫名声,也无突然而得的赞誉,就像一年四季的更替,是逐渐有序地完成一年的运转,就像桃李,虽不说话,却由于花果的美好,自然会吸引人们慕名前来。

　　靠时间积累出来的美名是最牢靠的,也是最吸引人的,但这是一个比较漫长的过程,不耐烦的人是做不到的。

　　曾国藩的仕途正体现了这一点。他一生经历了官场内部的无数排挤、诽谤和攻击，顺利的时候少，不顺利的时候多。道光三十年、咸丰元年，他被京师的高官责骂；咸丰三年、四年，他在长沙挨骂；咸丰五年、六年，他在江西被人责骂；加上来自清廷的种种猜忌，来自官场同僚的攻击，再加上岳州之败、湖口之败、靖江之败……他的一生可谓坎坷无数。但就在这样的人生境遇里，他还是练就了一身过硬的"忍"功。

　　湘军和太平军作战初期总是败多胜少，而且还要面对地方官员的不支持、同僚的讥讽、粮饷自筹等问题，但这还不算最坏的。曾国藩率兵从衡阳出发打到武汉，由于指挥不当导致湘军损失惨重，他也曾投水自杀，这更是引得湖南军政各方的讥讽。后来打下武汉，刚能喘口气，结果江西的战事很快又陷入了胶着状态。近五六年的时间里，他在江西、安徽一带发起的军事行动一直在低迷中徘徊不定。这期间，曾国藩遭遇到了地方政府的指责、朝廷的不信任、友军的不配合等种种磨难，走投无路之下，他再一次投水自杀未遂，又被朝廷冷落了一年多。这一切的一切，曾国藩都忍过来了，他知道只有忍过这些，才能站稳脚跟，才能拥有政治资本。

　　曾国藩认为，古来之英雄豪杰最忌"难禁风浪"，因此，他在官宦生涯中，随时提醒自己要有耐烦的功夫，要控制自己的情绪。他在给曾国荃的信中说："我一天天老了，也还经常有控制不了自己肝火的时候。但是我总是提醒自己要抑制住怒气，这也就是佛家所讲的'降龙伏虎'。龙就是火，虎就是肝气。自古以来，有多少英雄豪杰没有闯过这两关啊，也不仅是你我兄弟这样。关键要抑制自己的情绪，不能让它随便发作。儒家、佛家理论不同，然而在节制血气方面，没有什么不同，总而言之，不能情绪化，这样对身体是非常有害的。"

　　做自己情绪的主人，你才不会被情绪牵着鼻子走，才不会逞匹夫之勇,使局面变得不可收拾。曾国藩修身养性主张一个"静"字。人生不如意事十之八九,只有静下心来,才能保持头脑清醒;头脑清醒,才能做出正确的判断;正确的判断有助于更好地解决掉烦心事。

世界上的许多事本来就无所谓好坏,面对一件事情,你是保持乐观豁达的心境还是自寻烦恼,全在你的一念之间。选择自己认为正确的,并且尽自己最大的努力将其实现,那么,你就是成功的。

谁都无法平安无事、无忧无虑地过一辈子,谁都可能遇到不尽如人意的事。有的人能从挫折中了解人生的真谛,从困难中取得生存的经验,从而欢乐常在,勇于奋进,终于到达成功的彼岸;而有的人则把苦难和忧愁闷在心上,整日里阴云淫雨,烦恼不尽,不能自拔,不仅事业无成,而且累及身心健康。

星期天,你本来约好和朋友出去玩,可是早晨起来往窗外一看,下雨了。这时候,你怎么想?你也许想:糟糕,下雨天,哪儿也去不成了,闷在家里真没劲。如果你换个角度想:下雨了,也好,今天在家里好好读读书、听听音乐,也很不错。这两种不同的心理暗示,会给你带来两种不同的思考方式和行为。

你可以选择从从快乐的角度去看待生活,也可以选择痛苦的角度面对生活。鱼在水里游来游去,那么从容,那么自在,它的快乐全部弥漫在水中,而我们人类的快乐也全部藏匿在生活的每个角落,它们是那样的简单,简单到只需人们用心去细细地品味。只要我们有一颗细细品味幸福的心,快乐自会萦绕在身旁。

台湾著名漫画家蔡志忠说:如果拿橘子比喻人生,一种是大而酸的,另一种就是小而甜的。一些人拿到大的会抱怨酸,拿到甜的会抱怨小;而有些人拿到小的就会庆幸它是甜的,拿到酸的就会感谢它是大的。当我们不知事情该如何进展下去时,也许,换个角度思考问题,问题就会迎刃而解。

5.少吃多活动

养生是个年轻而古老的话题。说它年轻，是因为近些年来人们越来越注重养生，养生已经成了人们保持健康最好的办法；说它古老，是因为它并非现代人的原创，它有着非常悠久的历史。

汉末的张仲景在《伤寒杂病论》序中说："怪当今居世之士，曾不留神医药，精究方术。上以疗君亲之疾，下以救贫贱之厄，中以保身长全，以养其生。"明确提出运用医药的办法进行养生的观点。华佗授其弟子的五禽戏是导引练形以养生的早期记载，华佗授其另一弟子的"漆叶青黏散"则是延年益寿方剂的早期记载，可见华佗在养生的研究上的确有相当高的造诣。

健康长寿是所有人的美好愿望，无论是达官贵胄、方外修士，还是三教九流、普通百姓，无不对此深切关注。曾国藩是一代大儒，他在修身、为官、治家等方面都取得了很高的成就，甚至被称为"完人"。曾国藩被如此赞誉，也自然少不了养生这个必不可少的方面。

虽然终日忙于军政要务及应酬，但曾国藩从未放弃对养生的探索和实践，并逐渐形成了自己的一套完整的养生之道。其养生要言，见诸于家书、日记及与朋友的往来书信中。

曾国藩在咸丰十一年（1861）的日记中说："养生家之方法，莫大于'惩忿窒欲，少食多动'八个字。"所谓"惩忿"，就是遇事不要烦恼、发怒，以心平气和对待之；所谓"窒欲"，就是对不良嗜好和私欲都要有效地抑制，不让其萌生，从而天宽地阔、心身泰然。这样，脏腑自然气血调和，生机勃勃。

在同治四年(1865)九月初一日,曾国藩给儿子曾纪泽的信中对"惩忿窒欲"阐述得更详细。

"我对于所有的事,都遵守'尽其在我,听其在天'这两句话,即养生之道亦然。身体强壮的如果是富人,戒除奢侈会更加富有;体强的如果是穷人,节约便能够促使自己宽裕起来。节俭不仅是饮食男女的事,即便读书用心,也应当俭约。我在《八本篇》中言养生'以少恼怒为本',又曾教你胸中不应当太苦,'须活泼地修养得一段生机',亦去恼怒之道也。既戒恼怒,又知节俭,正是我的养生之道,除此以外,'寿之长短,病之有无,一概听其在天,不必多生妄想去计较它'。"

"惩忿"的目的是要人保持一个良好的心理环境,做到泰山崩于前而面不改色。为此,道光二十二年(1842)十一月十三日,他向冯树堂学了静坐之法。但显然,这不是短期内就能够达到的,例如道光二十四年的正月初一,他在日记中记载:"是日为车夫忿怒两次。"看来,"惩忿"需要长期的练习才能出效果。

"窒欲"是曾国藩的父训。初进京时,他的父亲就写信教他保身三要:"节欲"、"节劳"、"节饮食"。一个人如果不能控制自己的欲望,被欲望牵着鼻子走,必定不会有所作为。

少食则来自孔子曾经说过的一句话:"君子食无求。"对于饮食,曾国藩主张"少食"、"素食"、"清淡"。日常生活多以素食和蔬菜为主,"常食老米粥以疗脾亏"。"吾夜饭不用荤,以肉汤炖蔬菜一二种"。他告诫子弟"夜饭不荤,专食素,亦养生之宜,且崇俭之道也"。他深知"脾胃为人后天之本",膏粱厚味、肥鱼大肉皆可损伤脾胃。"少食"、"素食"、"清淡"足可以养脾胃,脾胃得养,自然健康长寿。

曾国藩认为,人体活动则气血和、经脉通;不动则病滞。所以,他每天坚持饭后走一千步。他还告诫自己的子女、儿媳,要亲自种菜、养猪、织布、下厨,不要随便使唤奴仆。出门要多走路,少骑马坐轿。他在家训中说："劳则寿，逸则夭。"曾纪泽少时体弱多病，曾国藩便命其每日早晚各步走5里路，坚持日久，体质便转弱为强。

我们常说"生命在于运动"。据医学家说，人到30岁以后，每过10年，心脏输送血液的能力就会降低6%～8%，血管壁受到的压力增加5%~6%，肺活量也会减少。一般老年人的肺活量只有年轻时的40%左右，肌肉弹性也会相应减弱，而减慢衰老的唯一办法就是增加运动，可见曾国藩的"多动"还是有科学道理的。

生命在于运动，没有健康的体魄，就没有足够的精力去工作，也无法享受幸福的生活。世界卫生组织体育活动专家提姆·阿姆斯特朗表示，那些花大量时间坐着的人，如果运动能够贯穿每一天，而不只是每天的一段时间，或许会对他们的健康更有益。

人们常说："饭后百步走，能活九十九。""百练不如一走。"这两种说法足以说明散步在健身中的重要作用。"饭后百步走"尤其适用于长时间伏案工作的人，适合身体比较胖或胃酸过多的人。这些人若能在饭后散步20分钟，动静结合，就能减少胃酸分泌和脂肪堆积，促进身体健康。

散步是日常生活中最简单又易行的运动法，运动量不大，但健身效果却很明显，而且不受年龄、体质、性别、场地等条件限制。

古今中外的一些长寿老人，他们都把散步作为延年益寿的手段。当然，散步的关键不在于形式，而在于能否持之以恒，只有长期坚持才能有所收获。

想要身体健康，就不能太"宅"，应该尽量多参加一些户外活动，比如经常出去逛逛街、见见朋友、爬爬山等。把运动融入日常生活中，长期坚持下去，久而久之，这种行为便会成为一种习惯，使人终身受益。

6.养生六事

在养生方面,曾国藩在给弟弟的信中提到:"养生六事必有常,一曰饭后千步,一曰将睡洗脚,一曰胸无恼怒,一曰静坐有常时,一曰习射有常用,一曰黎明吃白饭一碗不沾点菜。"而他尤其提倡的是"视息眠食",也就是"视必垂帘,息必归海,食必淡节,眠必虚恬"。"归海,谓藏息于丹田气海也;垂帘,谓半视不全开,不若用也;虚恬,谓心虚而无营,肤虚而不滞也。谨此四字,虽无医药丹诀,而足以却疾病矣。"

曾国藩悟出了这一养生之道,具体来说:

"息必归海",是指呼吸应当深沉,达到并藏于丹田,即气息要进入体内深处再呼出。这也是历代养生家尤为关注的。

"视必垂帘",是指练气功时眼睛不能睁开,也不能闭拢,只能处于"半视不全开"之中。而对于更广泛意义的养生来说,长时间地看书、观景物,必须不忘经常眨眨,让眼皮垂下,闭目养神。

"食必淡节",是指进食一要淡,二要少。饮食要清淡,食量要节制,不要过快、过饱。古人言:"食淡精神爽。""饮食多则气逆、百脉闭。"食淡又少,保持腹中空虚,气才能在体内运行。我们现在提倡的"吃饭要吃七八分饱"、"不要太油腻"、"吃饭要细嚼慢咽,不提倡狼吞虎咽"等养生常识都与之吻合。

"眠必虚恬",是指人在睡觉时,要将一切烦恼事丢之脑后,安安稳稳地睡觉。也就是说,心思应处于空虚状态,无牵无挂,无忧无虑。如果心事重重,则转辗难眠,夜不成寐,必然损心劳血。

曾国藩还有"养生之道,莫大于'眠食'"之说。他多次强调,养生要在"眠、食"二字上下功夫。他认为:眠,不一定要睡得久,但要睡得香;吃,应少食多餐，"食之甘美，即胜于珍药也"。这除了源自他接受其先祖的教训外，也有他自己的经验。如他在同治二年(1863)四月初八日记中说："余少时读书，见先君子于日入之后、灯上之前小睡片刻，夜即精神百倍。余近日亦思法之，日入后于竹床小睡，灯后治事，果觉清爽。余于起居饮食按时按刻，各有常度，一一皆法吾祖、吾父之所为，庶冀不坠家风。"

起居饮食，既有规律，又有定时，这与现代的健康学非常符合。

7.早起为养生第一秘诀

曾家的祖辈就有早起的习惯。

《曾国藩家书》说："我朝列圣相承，总是寅正即起，至今二百年不改。我家高曾祖考相传早起，吾得见竟希公、星冈公皆未明即起，冬寒起坐约一个时辰，始见天亮。吾父竹亭公亦甫黎明即起，有事则不待黎明。""早起，黎明即起，醒后勿沾恋。"

曾国藩主张治家要勤奋，"早起"就是勤奋的一种表现。他不但自己身体力行，还要求家人、部下都要做到这一点，并强调"早起在于贵有恒"。曾国藩一生坚持早起，在他的教导影响下，家中人人"黎明即起，洒扫庭除"。他手下的幕僚、将领无不效法，没有一个敢睡懒觉。

曾国藩认为，"早起为养生第一秘诀。""早起可以振刷精神。"咸丰十年(1860)三月二十四日，他在给弟弟们的信中写道："家中后辈子弟个个体弱，唢呐、吃酒二事须早早戒之，不可开此风气。学射最足保养，起早尤千金妙方、长寿金丹也。"

正如民间俗语所说:"早睡早起身体好"。早上空气新鲜,能令人头脑清醒,周身舒适。另外,早晨5点至7点是人体大肠经活动最旺的时候,人体需要把代谢的浊物排出体外,此时如果不起床,大肠得不到充分活动,无法很好地完成排浊功能,就容易使浊物停留而形成毒素,危害人体血液和脏腑百骸;早晨7点到9点,人体胃经最旺,需要摄取食物补充能量;9点到11点,人体脾经最旺,这时人的消化吸收运化的能力最好,如果这时还不起床,人体胃酸会严重腐蚀胃粘膜,人体在吸收营养的最佳时间得不到营养,久而久之,就容易患脾胃疾病,造成营养不良、中气塌陷。所以,千万不要赖床。

早睡早起被人们认为是最简单不过的养生之道,但是,早起并不是绝对的,而是相对而言。《黄帝内经》对一年四季的起居规律有着详细的论述:"春三月……夜卧早起。夏三月……夜卧早起。秋三月……早卧早起。冬三月……早卧晚起,必待阳光。"意思是说,在春季的三个月和夏季的三个月中,要睡得晚、起得早;秋季的三个月就要睡得早、起得早;而在冬季的三个月中就应该睡得早、起得晚,一定要等到太阳升起来以后再起床。这和传统养生学中强调的人体要"顺应自然"的观念是一致的。传统养生学认为,人生于天地之间,其生命活动要与大自然的变化保持一致,需要根据四季气候变化的规律而改变自己的日常生活规律,以顺应自然。

现代医学也证明,早睡早起的人精神压力较小,不易患精神类疾病。另外,早起能有效提高工作、学习效率,正如俗话所说:"三天早起,一天工。"

8.多亲近大自然

曾国藩可称得上一个旅游家，一生游历了祖国的大江南北，仅在其《日记》中记载的就有近两百处。他有一个习惯，所到之处，大都记于日记中，多则几百字、上千字，少则几十字。所记之处，既有闻名天下的胜迹，也有名不见经传的小景。只要有一孔之见、一己之喜，他就欣然录之。

人的健康不仅取决于饮食、身体锻炼或生命在某个时期所处的环境，大自然中的阳光、山、水、草、木对养生也有意想不到的神奇效果。

曾国藩认为，"宁可食无肉，不可居无竹"。他在双峰的每处故居，都身处竹林茂密之处。他还在家书中嘱咐子侄："在家则蒔养花竹，出门则饱看山水。"花竹养情，山水悟性；花竹因人而风雅，山水因人而灵秀。历代养生家都非常注重置身山水之间。

曾国藩的这个养生主张和我们现在提倡的通过亲近大自然来达到养生目的的说法非常相似。人类的寿命主要通过内外两大因素实现。"始生之者，人也"，内因是遗传基因，影响健康长寿的比例占15%～20%；"养成之者，天也"，外因是环境和生活习惯，包括自然环境、生理要素、心理要素、精神要素、社会要素，影响健康长寿的比例占80%～85%。

当然，旅游锻炼体魄的作用也是不容小视的。在远足跋山涉水之中，人们不仅观赏了大自然的奇妙风景，领略了美好的环境，同时也活动了身体的筋骨关节，锻炼了体魄，使人气血流通，利关节而养筋骨，畅神志而益五脏。对于年老体弱者，应只求漫步消遣，不必求快求远，可缓步而行，时辍时行；对体胖者，徒步旅行是减轻体重的好方法。

国内外许多学者研究认为，运动脚趾也和运动手指一样，有助于大脑健康，有人甚至认为脚掌为人体的"第二心脏"。脚趾活动的减少已成了腰痛等系列"文明病"的病因,因此,要保持身体健康,就应多远足郊游,在游览期间,病症可为之一轻。

如果不能经常出去旅游,那营造好自己的居室环境也很有助于养生。曾国藩嘱咐子侄"在家则莳养花什",也是出于这个原因。在居室周围多培养些芳香浓郁的香花,对人的身心健康大有好处。花的香味虽然看不见、摸不着,可它们都有一定的抗菌、杀菌作用。如桂花香味不仅有抗菌消炎的作用,还有化痰、止咳、平喘的功效。有些植物尽管没有香味,但也能从叶、皮中分泌杀菌素,如桧柏类植物等。

总之,养花草可使大脑和身体得到适当锻炼,有利于身体健康。